La fanciulla del West 西部の娘

Musica di
Giacomo Puccini

作曲
ジャーコモ・プッチーニ

Libretto di
Guelfo Civinini
Carlo Zangarini

台本
グエルフォ・チヴィニーニ
カルロ・ザンガリーニ

Dal dramma di
David Belasco

原作
デイヴィッド・ベラスコ

Prima rappresentazione
New York
Teatro Metropolitan
10 dicembre 1910

初演
ニューヨーク
メトロポリタン・オペラハウス
1910年12月10日

Traduzione in lingua giapponese
a cura di
Hiroyuki KAWAHARA

日本語訳
編集・校閲・注釈
©河原　廣之

Tutti i diritti sono riservati
proprietà New Pec Internazionale Operapec
Takako Kawahara, Luna e Sophia Hoshino

JN240430

Personaggi 登場人物

MINNIE, Soprano ミニー（ソプラノ）
JACK RANCE, sceriffo, Baritono ジャック・ランス、保安官（バリトン）
DICK JOHNSON (RAMERREZ), Tenore ディック・ジョンソン〈ラメレス〉（テノール）
NICK, cameriere della "Polka», Tenore ニック、《ポルカ》の給仕（テノール）
ASHBY, アシュビー、
agente della Compagnia di trasporti Wells Fargo, ウェルズ・ファルゴ輸送会社代理人（バス）

Minatori 鉱夫たち
SONORA, Baritono ソノーラ（バリトン）
TRIN, Tenore トゥリン（テノール）
SID, Baritono シッド（バリトン）
BELLO, Baritono ベッロ（バリトン）
HARRY, Tenore ハリー（テノール）
JOE, Tenore ジョー（テノール）
HAPPY, Baritono ハッピー（バリトン）
LARKENS, Basso ラーケンス（バス）

BILLY JACKRABBIT, indiano pellirosse, Basso ビリー・ジャックラビット、褐色のインデアン（バス）
WOWKLE, ウォークル、
la donna indiana di Billy, Mezzo Soprano ビリーの恋人であるインデアンの女（メゾソプラノ）
JAKE WALLACE, cantastorie girovago, Baritono ジェイク・ウォーレス、流しの歌唄い（バリトン）
JOSÉ CASTRO, ホセ・カストロ、
meticcio, della banda di Ramerrez, Basso 混血、ラメレスの盗賊団の一員（バス）
UN POSTIGLIONE, Tenore 郵便配達夫（テノール）

Cori 合唱
UOMINI DEL CAMPO キャンプの男たち

Ai piedi delle Montagne delle Nubi クラウディー山脈の山麓
in California. カリフォルニア

Un campo di minatori, 鉱山にあるキャンプ
nei giorni della febbre dell'oro. 黄金狂時代
1849 - 1850. 1849〜1850年

ATTO PRIMO

L'interno della " Polka „.

Nel buio appena si scorgono i contorni delle cose.
A sinistra, quasi al proscenio, presso il camino,
si vede rosseggiare la bragia del sigaro di Jack Rance.
Presso la scaletta a destra, su di una botte è seduto,
con la testa fra le mani, Larkens. A un tratto si alza,
si leva di tasca una lettera, la guarda con tristezza,
va al banco, prende un francobollo, ve l'appiccica sopra,
la depone nella cassetta e ritorna a sedere.
Fuori, nella lontananza, s'incrociano grida
ed echi lamentosi di canti.

第1幕

酒場ポルカの内部。

あたりにある物がようやく識別できる薄暗さ。
下手側ほとんど舞台前面にある暖炉の傍に座っている
ジャック・ランスの葉巻の火が赤く見える。
上手側の階段脇の椅子に、ラーケンスが両手で頭を
かかえて座っているが、彼は突然立ち上がり、
ポケットから手紙を出し、悲しそうにそれを見詰め、
カウンターの方へ行く。切手を取り出して貼ると、
小箱の中に入れ、再びもとの椅子に座る。
外では犬の悲しげな遠吠えと、
人の叫び声とが飛び交っている。

VOCI LONTANE
Alla "Polka"!
Alle "Palme"!
«Hallo!»
«Hallo!»
(un ritornello lontanissimo)
"Là lontano,
Là lontano,
quanto piangerà!..."
(Nick, esce dal sottoscala con una candela
che ha acceso al lumino ad olio.
Accende le candele sparse qua e là:
sale su uno sgabello e accende la lampada di mezzo :
accende i lumi della sala da ballo,
poi sale ad accendere quelli della saletta superiore.
La " Polka" si anima ad un tratto. Cominciano
ad entrare a gruppi i minatori di ritorno dal campo).

HARRY, JOE, BELLO
(entrando)
"Hallo", Nick!

NICK
Buona sera, ragazzi

SID e HAPPY, *seguiti da* **BILLY**

遠くの声
ポルカへ!
パルメへ!
ハロー!
ハロー!
(ずっと遠くのほうでリトルネッロ)
遠い彼の地で
遠い彼の地で
どんなに泣くことだろう! …
(ニックが、地下階段から
火の灯った蝋燭を持って上がってくる。
あちこちの蝋燭に火を灯し、
踏台に上って中央のランプに火を灯す。
ダンスホールのランプにも火を灯し、
階上の部屋の灯りをつけるために上っていく。
酒場ポルカが次第に熱気を帯びてくる。
鉱山夫たちが一団となって店に入り始める)

ハリー、ジョー、ベッロ
(登場しながら)
やあ、ニック!

ニック
今晩は、みんな。

ビリーに従ったシッドとハッピー

La Fanciulla del West di G.Puccini

"Hallo"! | やあ!

NICK
"Hallo"! | **ニック** / やあ!

JOE, BELLO e gli altri
(canterellando un ritornello americano)
"Dooda, dooda, day "

ジョーとベッロ
(アメリカのリトルネッロを口ずさみ)
ドーダ ドーダ ダーイ…

HARRY
(sedendosi al tavolo del faraone)
Sigari, Nick!

ハリー
(ゲームのテーブルに向かって腰掛けながら)
葉巻をくれ、ニック!

JOE
(battendo una mano sul tavolo)
whisky!

ジョー
(テーブルを片手で叩きながら)
ウィスキーもだ!

NICK
Son qua. | **ニック** / わかったよ。

BELLO
Minnie? | **ベッロ** / ミニーは?

NICK
Sta bene. | **ニック** / 元気だよ。

SID
(che si è seduto al tavolo del faraone, agli altri che sono intorno)
Ragazzi, un faraone! Chi ci sta?

シッド
(他の者達に囲まれ、ゲームのテーブルについている)
みんな賭けるか! 誰がやる?

HARRY
Io ci sto. | **ハリー** / 俺はやるぞ。

HAPPY
Anch'io ci sto. | **ハッピー** / 俺もやる。

JOE
Anch'io. | **ジョー** / 俺もだ。

BELLO
"All right!» Chi è che tiene banco? | **ベッロ** / オーケー! 誰が親になる?

HAPPY
(indicando Sid)
Sid. | **ハッピー** / (シッドを指差して) / シッドだ。

BELLO
Brutto affare. | **ベッロ** / そりゃまずいぜ。

SID
(gettando con sprezzo le carte sul tavolo)
Chi vuol mischiare, mischi.
(Harry mischia le carte)

シッド
(テーブルにカードを投げ出して)
切りたい奴が、切れよ。
(ハリーが、カードを切る)

JOE
(battendo con la palma aperta sulla spalla di Sid)
"Holla!"
(Entrano Sonora e Trin seguiti da parecchi minatori con selle
ed arnesi che sono gettati rumorosamente a terra;
alcuni poi salgono alle sale superiori,
altri vanno nella sala da ballo e attorno al tavolo di giuoco)

ジョー
(シッドの肩を平手で叩きながら)
やあ!
(ソノーラとトゥリンが、大勢の鉱夫を従えて登場し、
持って来た鶴嘴とシャベルを荒々しく床に置く。
何人かが上の階に、他の者たちは
ダンスホールへ、あるいはゲームのテーブルの回りへ行く)

SONORA e TRIN
Da cena, Nick!
Che cosa c'è?

ソノーラとトゥリン
晩メシだ、ニック!
何がある?

NICK | **ニック**

- 2 -

La Fanciulla del West di G.Puccini

C'è poco.
Ostriche sott'aceto...

SONORA
Quello che c'è.

TRIN
... Con whisky.

SONORA
(battendo sulle spalle di Larkens)
"Hallo", Larkens!

LARKENS
(con melanconia, senza alzare il capo dalle mani)
"Hallo"!

I MINATORI
(preparandosi al giuoco)
Andiamo!...

SID
Fate il giuoco.
_(Nick, affaccendato, va e viene con bottiglie
e bicchieri dalla saletta superiore alla sala da ballo.
Apparecchia anche il tavolino di mezzo per Sonora e Trin)_

JOE
(puntando)
Al "giardino"!

HARRY
_(c. s.)_
Alle "piccole"!

BELLO
_(c. s.)_
Alle "grandi"!

I MINATORI
(dal ballatoio)
Nick, da bere!

SONORA
(a Trin, sedendo al tavolino apparecchiato)
Ti aspetto?

TRIN
(dal gruppo dei giuocatori, a Sonora)
Vengo...

HAPPY
Gettoni!

SID
Un re... Un asso.

BELLO
Maledetto!

RANCE
_(a Nick che gli passa accanto, accennandogli Larkens,
che ha chinato il capo sulle braccia)_
Larkens che ha? Sta male?

NICK
Il suo solite male. Nostalgia.

少しだけ…
酢漬けの牡蠣が…

ソノーラ
何でもいい、あるものを。

トゥリン
… ウィスキーも。

ソノーラ
(ラーケンスの肩を叩きながら)
やあ、ラーケンス!

ラーケンス
(両手でかかえた頭を上げることなく、憂鬱そうに)
やあ!

鉱夫達
(ゲームの準備をしながら)
始めようぜ!…

シッド
お前達でやってくれ。
_(ニックは瓶やグラスを持って、上の階やダンスホールを
忙しそうに往来している。
ソノーラとトゥリンのために中央の小テーブルの準備もする)_

ジョー
(賭けながら)
「ガーデン」に!

ハリー
(賭けながら)
「ローカード」に!

ベッロ
(賭けながら)
「ハイカード」に!

鉱夫達
(カウンターの椅子から)
ニック、飲み物をくれ!

ソノーラ
(準備の出来たテーブルに座りながら、トゥリンに)
待たせるのかい?

トゥリン
(ゲームをしている仲間の中から、ソノーラに)
今、行くよ…

ハッピー
チップだ!

シッド
キング… エース。

ベッロ
畜生め!

ランス
_(脇を通るニックに、両腕で頭を抱え込んでいる
ラーケンスを指差しながら)_
ラーケンスはどうしたんだい?　具合が悪いのか?

ニック
いつもの病気。ノスタルジーってやつさ。

La Fanciulla del West di G.Puccini

Mal di terra natìa
Ripensa la sua vecchia Cornovaglia
e la madre lontana che l'aspetta...

RANCE
(riaccendendo il sigaro)
Che terra maledetta, quest'occidente d'oro!

NICK
Ha la malaria gialla.
L'oro avvelena il sangue a chi lo guarda.

RANCE
E Minnie, come tarda!
(Al tavolo del faraone il giuoco continua più intenso)

SID
(a Happy, indicando la puntata)
Quanti dollari?

HAPPY
Dieci.

SID
(dandogli il resto)
E novanta, fan cento.
Fante... Regina...

JOE
Hurrà! Evviva!

HAPPY
(con rabbia)
Sacramento!

TRIN
Australiano d'inferno!

JOE
Il tre non vince mai.

TRIN
Tutto sul tre!

SID
Tre... Sette...
(I giocatori puntano con più accanimento, s'odono parole come bestemmie represse e tintinnii di monete)

TRIN
Tutto perso. "Good bye!"

(Si stacca dal tavolo del giuoco e siede a quello dove Sonora sta mangiando. Al tavolo del giuoco si accalorano e le proteste di più le discussioni.
Nick corre di qua e di là portando bibite, sigari, ecc.
Alcuni minatori salgono al piano superiore,
altri ne discendono; chi va ai banco,
chi si sofferma al tavolo del giuoco interessandosene.
Entrano pure nuovi tipi di minatori.
Billy si avvicina al banco
furtivamente, ruba dei sigari ed esce.
Nel cielo nuvoloso si vedono grandi squarci stellati).

NICK
(rientrando dalla sala da ballo, forte a tutti)
Nella sala, ragazzi,

故郷の大地がね…
懐かしのコンウォールと、あいつ待っている
遠くのおふくろの事を考えているのさ…

ランス
(葉巻に再び火をつけて)
なんて呪われた土地なんだ、黄金の西部め!

ニック
マラリアを患っているんだ。
黄金はそれを見詰める者の血に毒を注ぎ込む。

ランス
ミニーは、どうして遅いんだ!
(舞台の奥の扉から出て行こうとする)

シッド
(掛け金を指差しながら、ハッピーに)
何ドルだい?

ハッピー
10ドルさ。

シッド
(残金を残しながら)
それに90ドルで、ちょうど100ドル。
ジャック… クィーン…

ジョー
そら、やったぞ!

ハッピー
(怒って)
畜生!

トゥリン
地獄のオーストラリア人め!

ジョー
3で勝ったことがない。

トゥリン
全部3に賭ける。

シッド
3… 7…
(カード遊びに興じている者は、益々熱心に賭ける。
抑制された罵声雑言や、小銭のぶつかり合う音)

トゥリン
すっからかんだ。あばよ!

(ゲーム用の机から離れソノーラが食事をしているテーブルに座る。
テーブルでは、感情を露骨に現した言葉や
争いが激しくなる。
ニックは飲み物や葉巻などを足早にここかしこに運んでいる。
何人かの鉱夫達が、上の階に上がっていく。
他の者達は降りてくる。ある者はカウンターに行き、またある者は
ゲーム用のテーブルに立ち止まり、興味深そうに様子を窺っている。
新しい鉱夫達も店に入ってくる。
ビリーがカウンターにそっと近づき
葉巻を何本か盗んで出てゆく。
曇り空に、星空が広がって行くのが見える)

ニック
(ダンスホールから戻りながら、大きな声で皆に)
みんな、ホールで

La Fanciulla del West di G.Puccini

vi si vuole a ballare!

SONORA
A ballare? Son pazzi!
Io non ballo con uomini!
(a Trin)
Ti pare?

TRIN
giusto.

SONORA
(alzandosi, in disparte a Nick
che torna dal banco con la cassetta dei sigari)
Minnie infine
s' è decisa per me?

NICK
(furbescamente, secondandolo)
Certo: ho capito
che siete il preferito!...

SONORA
(gongolando, forte ai compagni)
Sigari a tutti!

TUTTI
Hurrà!
(Nick corre a prendere la cassetta dei sigari,
distribuendo; discende
dalla sala da ballo escono due giovanotti danzando).

TRIN
(fermando Nick, in disparte, sottovoce)
Nick, che ti ha detto?

NICK
(furbescamente anche a lui)
Mah! Se ho ben capito
voi siete il preferito.

TRIN
(gongolando)
Whisky per tutti!

TUTTI
Hurrà!
(Nick porta in girobottiglie e bicchieri)

JAKE WALLACE
(di fuori cantando)
"Che faranno i vecchi miei
là lontano,
là lontano,
che faran laggiù?
Tristi e soli i vecchi miei
piangeranno,
penseranno
ch'io non torni più!"

NICK
(facendosi sulla porta)
Ragazzi, vi annunzio Jake Wallace

踊りでもどうだい!

ソノーラ
ダンス? 馬鹿な話さ!
俺は男とは踊らないよ!
(トゥリンに)
そうだろう?

トゥリン
そのとおり。

ソノーラ
(立ち上がり、葉巻ケースを持って
カウンターに戻ったニックに)
ミニーは、俺のことを
決心してくれたかね?

ニック
(ずる賢く、彼の希望に応えるように)
勿論さ。俺には解ったよ
あんたが気に入られている事が! …

ソノーラ
(喜びに浸りながら、力強く皆に)
みんなに葉巻を配ってくれ!

一同
いいぞ、いいぞ!
(ニックは、葉巻のケースを走って取りに行き、
葉巻を皆に分け与えながら降りていく。
ホールから2人の若者が踊りながら出てくる)

トゥリン
(ニックを制止しながら、離れて小声で)
ニック、彼女あんたに何て言った?

ニック
(彼にもずる賢く)
つまりだな! 俺にはよーく解った
あんたが気に入られていることが。

トゥリン
(喜びに浸って)
みんなにウィスキーだ!

一同
いいぞ、いいぞ!
(ニックは、ウィスキーの瓶とグラスを持って回る)

ジェイク・ウォーレス
(舞台裏で歌いながら)
年老いた両親は
あんなに遠くで
あんなに遠くで
遥か彼方でどうしているのだろう?
悲しみと孤独に年老いた両親は
涙しているだろう
そして、こう思っているだろう
僕がもう決して戻らないだろうと!

ニック
(入り口の扉から)
みんな、ジェイク・ウォーレスさんだ

- 5 -

il menestrello del campo!

(Ma già la canzone nostalgica ha preso tutte quelle anime avide e rudi: le teste si sollevano, gli orecchi sono tesi:
il giuoco langue. Quelli del piano superiore si affacciano ad osservare: nel silenzio, il tintinnio
dei gettoni adagio adagio si spegne. Jake Wallace, il cantastorie,
appare sulla porta cantando e accompagnandosi sul banjo).

JAKE WALLACE

(entrando)

"La mia mamma...

(Si fermà stupito del silenzio che l'accoglie. Tutti i minatori, col viso proteso verso di lui, gli fanno cenno con le mari di continuare)

JAKE

(continuando)

... che farà

s' io non torno,

s' io non torno?

Quanto piangerà!"

ALCUNI MINATORI

(dal tavolo del giuoco)

Al telaio tesserà

lino e duolo

pel lenzuolo

che la coprirà..."

ALCUNI MINATORI

(dal ballatoio della sala superiore)

E il mio cane dopo tanto...

JAKE WALLACE

Il mio cane...

ALTRI MINATORI

(di sopra)

il mio cane

mi ravviserà?..."

(Una nostalgia quasi disperata si impadronisce di tutti. Qualcuno, che ha cominciato ad accompagnare la canzone
battendo col pugno dei colpi sordi sul tavolo, si interrompe)

HARRY

(prorompendocome in un singhiozzo)

"O mia casa, al rivo accanto...

I MINATORI

(dal tavolo)

là lontano..

I MINATORI

(di sopra)

là lontano...

TUTTI

(sommessamente)

... Chi ti rivedrà?"

(Il canto si spegne angosciosamente. Silenzio. Larkens, al canto nostalgico, si scosso dai suo torpore doloroso,
e si è alzato.
Alle ultime parole del coro scoppia in pianto.
Jake Wallace entra nella stanz)

VOCI

このキャンプの吟遊詩人!

(この物悲しい歌はこの場にいる愛に餓え無骨な男達の魂を捕らえている。賭けに活気はない。上の階の者達は、何があったのか観察するために顔を覗かせる。沈黙の中、賭け金のチンチンと重なり合う音が、静かに消えていく。流しの歌手ジェイク・ウォーレスが扉の所に、バンジョーの伴奏に合わせて、歌いながら登場する)

ジェイク・ウォーレス

(入ってきながら)

僕の母親は…

(彼を取り巻く沈黙に驚いて立ち止まる。鉱夫一同は、顔を彼の方に向け、手で、歌を続けるように合図する)

ジェイク

(歌を続けながら)

… どうするだろう

もし僕が戻らなかったら

もし僕が戻らなかったら?

どんなに涙するだろう!

何人かの鉱夫達

(ゲーム用のテーブルから)

機織り機で紡ぐだろう

麻と苦しみを

彼女自身を覆う

シーツを織るために…

何人かの鉱夫達

(上の階の踊り場から)

そして、僕の犬は随分年が経って…

ジェイク・ウォーレス

… 僕の犬は…

その他の鉱夫達

(上の階で)

… 僕の犬は

僕のことを覚えているだろうか?… .

(ほとんど絶望にも似た郷愁が皆の心を奪う。誰かがテーブルを拳でその歌にあわせて叩き始めると次の言葉に中断される)

ハリー

(感極まり、むせび泣き、絶望的なアクセントで)

ああ、小川のかたわらの我が家…

鉱夫達

(テーブルで)

… こんなに遠く離れ… .

鉱夫達

(上の階で)

… こんなに遠く離れ…

一同

(低く沈み込むように)

… 誰がお前に出会うのだろう?

(歌声は苦痛に満ちて消えて行く。沈黙。ラーケンスは、この感傷的な歌の、苦痛に満ちた内容に心を取り乱し、立ち上がる。
合唱の最後の言葉の所で、突然大きな声で泣き出す。ジェイク・ウォーレスが、部屋の中に入ってくる)

何人かの声

Jim, perchè piangi? Jim!...
Che hai ?...

LARKENS
(in lacrime, supplicando)
Non reggo più,
non reggo più, ragazzi! Son malato,
non so di che.. Mandatemi,.
ah, mandatemi via! Son rovinato!
Son stanco di piccone e di miniera!
Voglio l'aratro, vo' la mamma mia!...
(Tutti gli sono attorno, confortandolo, commossi.
Sonora prende un vassoio e
invita tutti a versar denari per Larkens.
Tutti offrono, meno Sid.
Dal ballatoio superiore qualcuno getta delle monete).

SONORA
Per rimandarlo a casa...

VOCI
Prendi... To'... Cinque dollari!
Altri cinque!... A te, son...
Anche questi..

SONORA
(a Larkens)
Coraggio!
(Versa il contenuto del vassoio nelle mani di Larkens, che commosso
confuso manda intorno saluti e sorrisi fra le lacrime)

LARKENS
Grazie, grazie ragazzi!,..
(Larkens esce; un gruppo di minatori riprende il motivo della
canzone. Billy si avvicina furtivamente al banco, tentando
una bibita: Nick lo vede e lo scaccia:
Wallace entra, con alcuni uomini, nella sala da ballo.)

VOCI
Va tutto?... Al quattro... Al tre ..
Raddoppio... Giuoco fatto...
Niente va più!... Due!... Re!

BELLO
(che ha colto Sid a barare
dà un gran pugno sul tavolo)
Questa è da ladro!

SONORA
Su le mani!

TRIN
Baro!

BELLO
Su le braccia!
(prende il mazzo di cartee lo getta sul tavolo)
Guardate!

HARRY
Sia legato!

SONORA
Al laccio!

ジム、どうして泣いてるんだい? ジム!
どうしたんだ?

ラーケンス
(涙ながらに、絶望的に懇願するように)
もう我慢できない、
耐えられない、おいみんな、俺は病気だ。
何の病気か解らないが… 俺を帰してくれ
ああ、送り返してくれ! 俺はもうだめだ!
鶴嘴も鉱山も、もうたくさんだ!
鋤のほうがいい、母さんに会いたい!…
(皆は彼を慰めようと集まるが、心動かされている。
ソノーラはお盆を取り、
ラーケンスのためにお金を入れるよう促す。
シッドを除いて皆従う。
上の階からも誰かが数枚のコインを投げる)

ソノーラ
彼を家に送り帰すために…

何人かの声
受け取ってくれ… ほら… 5ドルだ!
こっちも5ドルだ!… あんたにだ、いくらかといえば…
これもだ…

ソノーラ
(ラーケンスに)
しっかりしろよ!
(ラーケンスの両手にお盆の中身を流し込む。彼は感動のあまり
混乱して、涙に咽んだ微笑で皆に挨拶をする)

ラーケンス
ありがとう、ありがとう、みんな!…
(ラーケンスは退場する。鉱山夫たちのひとつのグループが
再び歌い始める。ビリーがカウンターにそっと近づき、飲み物を
失敬しようとする。ニックはこの様子を見ていて彼を追い出す。
ウォーレスが何人かの男たちとダンスホールに入ってゆく)

何人かの声
いいか?… 4に… 3に…
倍賭けだ… 賭けたか…
これ以上駄目だぞ!… 2!… キングだ!

ベッロ
(シッドがいかさまをしたのに気づき、テーブルの上を
拳で激しく叩き、シッドの顔にカードを投げつける)
これじゃ盗っ人じゃないか!

ソノーラ
手を上げろ!

トゥリン
いかさまだ!

ベッロ
腕を上げていろ!
(カードの束を取り出し、それをテーブルの上に投げ出す)
見てみろ!

ハリー
縛ってしまえ!

ソノーラ
吊るしてしまえ!

VOCI
  Al laccio il ladro!
  Al laccio il baro!
(Sid è afferrato e portato in mezzo alla scena. Tutti gli sono addosso malmenandolo, anche Billy, che si è alzato da terra. Jake Rance che era uscito comparisce sulla porta della sala da ballo, osservando la scena con fredda indifferenza)

SID
(supplichevole)
Per carità'...

JACK RANCE
(avvicinandosi)
Che succede?

BELLO
Ha barato!
Avrà ciò che gli spetta!...

VOCI
Al laccio!...

RANCE
(sorride, si leva di tasca con fiamma il fazzoletto, lo spiega con flemma, e si pulisce le scarpe appoggiando il piede ad una sedia)
Andiamo,
ragazzi! Un po' di calma... Qua... vediamo.

voci
Al laccio, Sid
A morte!
(Tutti si stringano di nuovo minacciosi attorno a Sid tremante)

RANCE
(trattenendoli, freddo)
Evvia! Che è poi la morte?
Un calcio dentro al buio e buona notte!
So un castigo più degno.
Datemi la sua carta...
(Dànno a Rance il due di picche; egli con uno spillo lo appunta sul petto di Sid, sopra il cuore)
Sopra il cuore,
come si porta un fiore.
Non toccherà più carte. È questo il segno.
Se si azzardasse a toglierlo, impiccatelo.
(a Bello, con autorità)
Domani al campo, tu
spargi la voce.
(a Sid)
Va!

SID
(piagnucoloso,raccomandandosi)
Ragazzi, siate buoni!...

TUTTI
(sbertandoloe spingendolo fuori)
Via di qua!
Via! Fuori! Via di qua! Ladro! Uh! Uh!
(Lo cacciano a pedate: Billy, che teme anch'esso un calcio di Rance, scivola fuori, circospetto. Rance, come nulla fosse avvenuto,

---

何人かの声
-盗っ人は吊るせ!
-いかさま野郎は、縛り首だ!
(シッドは抑えつけられ、舞台中央に連れて来られる。一同、彼をこっぴどく扱いながら、後ろに集まる。先ほど出て行ったジャック・ランスがホールの扉の所に姿を見せその光景にはまったく無関心で観察しながら)

シッド
(懇願するように)
お願いだ!

ジャック・ランス
(冷静に近づきながら)
何があったんだ?

ベッロ
奴がいかさまをしたんで!
償うべき義務があるはずだ!…

何人かの声
縛り首だ!…

ランス
(微笑んでいるが、怒ったようにポケットからハンカチを取り出し、それを丁寧に折りたたみ片足を椅子に乗せながら靴を拭き始める)
さあ、
みんな! 落ち着け… さて… どうするか。

何人かの声
シッドを縛り首に!
リンチだ!
(一同、恐怖に震えているシッドの回りを、脅かすように取り囲む)

ランス
(彼らを引き留めながら、冷たく)
やめろ! 死刑だなんて!
暗闇で一殴りすれば、それでいい!
私はもっとふさわしい罰を知っている。
奴のカードをよこしてくれ…
(ランスにスペードの2を渡す。彼はそれをシッドの胸の心臓のあたりにピンで刺す)
心臓の上に
花飾りのように。
奴はもう二度とカードに、手を触れないだろう。
これが証だ。もしこれを取り除こうとした縛り首だ。
(ベッロに威厳をもって)
明日キャンプで皆に、お前が
このことを伝えておいてくれ。
(シッドに)
行け!

シッド
(涙ながらに、慈悲を乞うように)
みんな、落ち着いてくれ!…

一同
(嘲りながら彼を外に押し出す)
行け! 外へ!
出て行け! 泥棒! 信じられん奴だ!
(彼を足蹴にする。ビリーは、自分もそうされるのを恐れて転がるように外に逃げ出す。ランスはまるで何事もなかったかの

La Fanciulla del West di G.Puccini

si siede al tavolo del faraone, invitando. Harry,
Joe e un minatore si siedono al tavolo di destra, bevendo)

RANCE
(a Sonora e Trin)
Un poker!
(a Nick)
Nick, gettoni!
(Nick porta;
giuocano. Entra Ashby)

ASHBY
Sceriffo, hallo!

RANCE
(ai minatori)
Ragazzi, fate largo!
Presento mister Ashby,
dell'Agenzia Wells Fargo.
(Ashby stringe la mano a Rance, a Sonora e a Trin e agli altri più
vicini. Saluta con un cenno della mano i più lontani,
che rispondono con lo stesso cenno)

ASHBY
Nick, portami da bere.
(ai vicini)
Come sta la ragazza?

TUTTI
(lusingati)
Grazie, bene.
(Nick porta quattro whisky al tavolo)

RANCE
Che nuove del bandito?

ASHBY
Da tre mesi lo apposto
non è molto discosto...
(Nick esce)

RANCE
(a Ashby)
Dicon che ruba come un gran signore!
È spagnuolo ?

ASHBY
La banda
di ladri, a cui comanda,
è messicana: gentaccia gagliarda,
astuta, pronta a tutto. State in guardia.
Io mi, sdraio. Son stanco, ho l'ossa rotte.
A tutti, buona notte!
(Prende un mantello sotto la scala.
Nick ritorna dentro con un vassoio pieno
di bicchieri con whisky e limone)

TRIN
(a Nick)
Che cos' è ?

NICK
Offre Minnie!

TUTTI

様にテーブルの席に就く。ハリー、ジョーそしてひとりの鉱山夫が
上手のテーブルに酒を飲みながら座る)

ランス
(テーブルの上を手で叩きながら)
ポーカーだ!
(ニックに)
ニック、チップを!
(ニックはチップを持って行く。
みんながカードを始める、アシュビーが入ってくる)

アシュビー
やあシェリフ!

ランス
(鉱夫達に)
みんな、場所を開けてくれ!
アシュビーさんを紹介する、
ウェルズ・ファルゴ輸送会社の支配人だ。
(アシュビーは、ランス、ソーラ、トゥリン、そして
近くにいた何人かと握手をする。遠くにいる人達には
手で挨拶を送る。彼らも同じように挨拶を返す)

アシュビー
ニック、何か飲み物を持って来てくれ。
(近くの者達に)
彼女は元気かね?

一同
(へつらいながら)
ええ、元気ですとも。
(ニックが、テーブルにウイスキーを4杯運ぶ)

ランス
盗賊について何か新しい情報は?

アシュビー
三ヶ月も奴を見張っている。
そんなに遠くではないはず…
(ニック出て行く)

ランス
(アシュビーに)
貴族のように優雅に盗みを働くと言う噂だ!
スペイン人かい?

アシュビー
あいつが
命じている盗賊団は
メキシコ人だ。乱暴で、頑強で、抜け目なく、
いつでも準備が出来ている。用心してくれよ。
私は横になる。骨が砕けるほど疲れているんだ。
みんな、お休み!
(階段の下にあったマントをとり、
ニックはたくさんのグラス、ウイスキー、
レモンを載せたお盆を持って再び入ってくる)

トゥリン
(ニックに)
何なんだい?

ニック
ミニーのおごりだ!

一同

- 9 -

(con sentimento d'affetto)
Viva Minnie!
Viva la nostra Minnie!

RANCE
(con sussiego)
Mistress Rance, fra poco.

SONORA
(scattando)
No, faccia di cinese!
Minnie si prende giuoco
di te!

RANCE
(alzandosi, livido)
Ragazzo, è l' whisky che lavora.
Ti compatisco... Di Jack Rance finora
nessuno, intendi, s' è mai preso giuoco!
E buon per te ch'io non curi le offese
degli ubriachi!

SONORA
(estrae la pistola, ma è trattenuto dai compagni.)
Vecchio biscazziere!
Minnie ti burla!

RANCE
(avanzandosi d'un passo)
Provalo!

SONORA
(svincolandosi)
Ti burla, muso giallo!

RANCE
Ah, miserabile!
*(Gli si slancia contro; si azzuffano; gli altri cercano dividerli,
ma non fanno a tempo;
una donna è entrata d'un balzo,
li ha, con ferino polso, divisi violentemente, strappando
dalle mani di Sonora la pistola, È Minnie. Bello la segue,
fermandosi al banco a guardare, ammirato.
Un grido scoppia da tutte le parti:
l'ira cade subitamente.: solo Rance si apparta,
tutto cupo, nella sua sedia di sinistra).*

TUTTI
(con entusiasmo, agitando i cappelli)
"Hallo" Minnie! "Hallo" Minnie!

MINNIE
(avanzandosi, con autorità)
Che cos' è stato?....
(severa, a Sonora)
Sempre tu, Sonora?

TRIN
Nulla, Minnie; sciocchezze... Si scherzava!

MINNIE
(adirata)
Voi manderete tutto alla malora!
Vergogna!...

(愛情を込めて)
ミニー万歳!
俺達のミニー万歳!

ランス
(慇懃に)
もうすぐ、ランス夫人になるんだ。

ソノーラ
(跳びあがりながら)
いいや、中国人面!
ミニーは、あんたを
からかっているだけさ!

ランス
(青ざめて、立ち上がりながら)
おい、ウィスキーが随分回ってきたんじゃないか。
かわいそうに… ジャック・ランス様を、今まで
誰一人としてからかった者はいないんだ!
俺様が、酔っ払いの無礼に対して無頓着なのは
お前にとって幸せだったな!

ソノーラ
(ピストルを抜くが、仲間達に制止される)
老いぼれの賭博師!
ミニーは、お前をからかっているんだ!

ランス
(ソノーラの方に近づくが、落ち着いている)
どんな証拠があるんだ!

ソノーラ
(自由に)
あんたはからかわれているんだよ、黄色い顔!

ランス
ああ、くたばっちまえ!
*(彼はピストルに手をかけるが手元を狂わせる。他の者たちは
引き離そうとするが間に合わない。
しかしその間、ひとりの女性が飛び込んでくる。
彼女は野獣のような獰猛さで2人に割って入り
ソノーラの手からピストルをもぎ取る。ミニーである。ベッロが
彼女に従い、憧れるようにカウンターにとどまる。
サロン中から爆発のような叫び声が起り、
怒りはすぐに収まる。ランスだけは孤立して
沈み込んで下手の椅子に座る)*

一同
(感激し帽子を振りながら)
やあ、ミニー! やあ、ミニー!

ミニー
(堂々進み出ながら)
何があったの?
(ソノーラに厳しく)
いつもあんたなのね、ソノーラ?

トゥリン
なんでもないよミニー、おふざけさ… 冗談なんだよ!

ミニー
(怒って)
あんた達は、何でも破壊させてしまうのね!
恥ずかしくないの!…

JOE
(presentandole un mazzolino di fiori)
Minnie...

MINNIE
Non farò più scuola.

TUTTI
No, Minnie, no!...

SONORA
(imbarazzato)
Sai, quando tu ritardi
ci si annoia... Ed allora...

MINNIE
*(scuote la testa e sorride rabbonita; avvicinandosi al banco,
vede Bello in contemplazione)*
Bello, che fai? Che guardi?

BELLO
(si scuote, sorridendo impacciato)
Nulla...

ALCUNI
(ridendo)
Guardava... te!

JOE
(offrendole il mazzolino)
Minnie, li ho colti
lungo il Torrente Nero... Al mio paese
ce ne son tanti! I prati ne son folti...

MINNIE
Oh, grazie, grazie, Joe!...

SONORA
(levandosi di tasca un nastro ripiegato)
È passato pel campo oggi un merciaio
di San Francisco...
Aveva trine e nastri.
(con galanteria affettuosa, svolgendo il nastro)
Questo è per voi... Vedete, è color porpora
colpe la vostra bocca...

HARRY
(come Sonora, spiegando un fazzoletto di seta)
E questo è azzurro, come il vostro sguardo!

MINNIE
Grazie, grazie!...

ASHBY
Gli omaggi di Wells Fargo!

MINNIE
(toccando il suo bicchiere con quello di Ashby)
Hip! Hip!...
(offrendo sigari ad Ashby)
"Regalias" ? "Auroras" ? "Eurekas" ?

ASHBY
(con galanteria affettata)
Se li scegliete voi, la qualità

ジョー
(花束を彼女に示しながら)
ミニー…

ミニー
もう学校はおしまいね。

一同
だめだ、ミニー、それはばっかりは!…

ソノーラ
(戸惑って)
わかるだろう、あんたが遅くなればなるほど
俺達をいらいらさせるんだ… だから…

ミニー
*(頭を振り、カウンターから微笑む。
何かを凝視しているベッロに気づく)*
ベッロ、何しているの？ 何を見ているの？

ベッロ
(頭を振り、困ったように微笑みながら)
別に何も…

何人かの鉱夫達
(笑いながら)
見詰めていたのさ… あんたを!

ジョー
(彼女に野生の花の花束を渡しながら)
ミニー、俺が摘んできたんだ
あの〈黒の奔流〉で… 俺の故郷には
たくさんあるんだ! 草原は緑で埋まっているんだ…

ミニー
まあ、ありがとう、ジョー!…

ソノーラ
(ポケットから、折り畳んだリボンを取り出し)
今日このキャンプを、サン・フランシスコの
小間物屋が通りかかったのさ…
レースとリボン持ってたよ。
(優しくリボンをほどきながら)
これはあんたのだ… 見てご覧、深紅だよ、
あんたの唇のように…

ハリー
(絹のハンカチを折り畳みながら)
これは空色だ、あんたの瞳のように!

ミニー
ありがとう、ありがとう!…

アシュビー
ウェルズ・ファルゴからの贈り物だ!

ミニー
(自分のグラスをアシュビーのグラスに触れながら)
乾杯! 一気に!
(アシュビーに葉巻を差し出し)
レガリアス? アウロラス? エウレカス?

アシュビー
(優雅に気取って見せて)
あなたが運んでくれるなら、

La Fanciulla del West di G.Puccini

non conta nulla. Ognuno
avrà per me il profumo
della man che li tocca!

NICK
(a Minnie, sommessamente)
Vi prego, andate in giro
ogni vostra parola, ogni sorriso
è una consumazione!

MINNIE
(battendolo sulla spalla)
Mala lingua!
(scorgendo Rance in disparte)
Vi do la buona sera,
sceriffo!

RANCE
Buona sera,
Minnie.

SONORA
(a Minnie consegnandole un sacchetto d'oro)
Tira una riga sul mio conto!
*(Minnie cancella il conto di Sonora,
pesa l'oro, io contrassegna e lo ripone nel barile)*

ASHBY
(a Rance)
Con queste bande in giro, è una pazzia
tener l'oro qua dentro... All'Agenzia
starebbe molto meglio.
*(Continua a parlare con Rance, seduto al tavolo del faraone. Minnie
ha preso dal cassetto del banco un libro, ed è venuta in mezzo alla
stanza. Tutti i minatori la seguono e le fanno circolo intorno. Qualcuno
rimane in piedi, due portano lì vicino una panca e si siedono.
Anche Minnie si siede ed apre il libro; è la Bibbia.
Rance e Ashby, di lontano, guardano e tacciono)*

MINNIE
(sfogliando la Bibbia)
Dove eravamo?... Ruth... Ezechiel... No...
Ester?... Ali, ecco il segno.
"Salmo cinquantunesimo, di David..."
(a Harry che si è seduto)
Harry, ricordi chi era David?

HARRY
*(alzandosi, grottescamente,
come uno scolaretto che reciti la lezione)*
Era un re dei tempi antichi, un vero eroe
che quando ancor era ragazzo, armatosi
d'una mascella d'asino,
affrontò un gran gigante e l'ammazzò...
*(Joe s'alza di scatto, apre rumorosamente una navaja e...
tempera tranquillamente una matita)*

MINNIE
(ridendo)
Che confusione!... Siedi.
(Harry siede confuso)
A posto, Joe!

品質は二の次ですよ。そのいづれにも
私のために触れた手の香が
ついているはずだから!

ニック
(ミニーに低い声で)
お願いだ、ぐるっと回っておくれ
あんたの一言一言、そして微笑みは
売れるんだから!

ミニー
(彼の肩を叩きながら)
随分な言いかたね!
(ランスが、離れた所にいるのを認め)
こんばんはを忘れていましたわ、
シェリフ!

ランス
こんばんは、
ミニー。

ソノーラ
(ミニーに黄金の入った袋をたくしながら)
俺の会計を精算してくれ!
*(ミニーはソノーラへの請求を反故にし、
黄金を計量し、印をつけて、必要な黄金を樽の中にほうり込む)*

アシュビー
(ランスに)
盗賊団が徘徊しているというのに、この樽の中に
黄金を保管しておくのは狂気の沙汰だ…
責任あるうちの会社に預けておく方がいいだろう。
*(テーブルに着席したままランスと話を続ける。ミニーはカウンターの
引きだしから一冊の書物を取り出し
舞台の中央に降りて行く。鉱夫達一同は、彼女に従い取り囲む。
何人かは立ったままである。2人が長椅子を運び座る。
ミニーも座ってその書物を広げる。聖書である。
ランスとアシュビーは遠くから眺め、沈黙している)*

ミニー
(聖書のページを繰りながら)
どこまで読んだかしら?… ルツ記… エゼキエル書…
違うわ… エステル記?… そうよ、ここに印があるわ。
《詩篇51番… ダヴィデの…》
(着席しているハリーに)
ハリー、ダヴィデって誰だか覚えてる?

ハリー
*(立ち上がり、授業を楽しむ
児童のように突飛に)*
昔の王様さ。本当の英雄だ。
まだ子供だったとき、
やぎの顎の骨で武装して
巨人に立ち向かい殺したんだ…
*(ジョーは勢い良く立ち上がり、騒々しく小刀を取り出し、そして…
それから落ち着いて鉛筆を削る)*

ミニー
(笑いながら)
混乱しているようね!… 座っていいわ。
(ハリーは当惑して着席する)
席について、ジョー!

Ora leggiamo. "Versetto secondo
Aspergimi d'issòpo
E sarò mondo..."

TRIN
(ingenuo)
Che cos' è quest' issòpo, Minnie?

MINNIE
È un'erba
che fa in Oriente...

JOE
(dolcemente)
E qui da noi non fa?

MINNIE
Sì, Joe, nel cuore ognun di noi ne serba
un cespuglietto...

JOE
(ridendo)
Nel cuore?

MINNIE
(seria)
Nel cuore.
(continuando a leggere)
"Lavami e sarò bianco come neve.
Poni dentro al mio petto
un puro cuore, e rinnovella in me
uno spirito eletto..."
(interrompendosi)
Ciò vuol dire, ragazzi, che non v'è,
al mondo, peccatore
cui non s'apra una via dl redenzione...
Sappia ognuno di voi chiudere in se
questa suprema verità d'amore.

さあ、読みましょう。《第2節
ヒソポを私に振りかけてください。
そうすれば私は清められ…》

トゥリン
(素朴に)
このヒソポというのは、ミニー?

ミニー
草の名前よ
オリエントに育つ…

ジョー
(甘ったれたように)
俺達の土地には生えないの?

ミニー
あるわ、ジョー、私達一人一人が心の中に
その草の茂みを育てるのよ…

ジョー
(笑いながら)
心の中に?

ミニー
(真剣に)
心の中によ。
(読み続ける)
《私を洗ってください、雪のように白くなるでしょう。
私の胸の中に置いてください。
清純な心を、そして再び私の内に、蘇らせて下さい、
正しい魂を…》
(中断しながら)
皆さん、つまりこういうことなのよ、この世の中には
いないという意味なのよ、つまり、贖いの道が
開かれていない人というのはいないという…
皆さんが、各々の心の内に、この愛の
崇高な真実を持っていなければなりません。

ミニー:レナータ・テバルディ

(Ashby e Rance si sono avvicinati e stanno anch'essi ad ascoltare.
Billy entra col suo passo furtivo,
si avvicina al banco e ingoia in fretta
il fondo di due o tre bicchieri, leccandone l'orlo)

(アシュビーとランスも近づいて、彼らも聞き入っている。
ビリーが忍び足で入ってきて、
カウンターに接近し、一気に
2,3杯のグラスの残りの酒を飲む)

TRIN
(ridendo)
Guarda, Minnie!

MINNIE
Che c' è?

JOE
Billy lava i bicchieri!

BILLY
(ridendo con un riso sornione
e battendosi una mano sul petto)
Buono...

MINNIE
Billy!

NICK
(allungandogli una pedata)
Va via di qua, briccone!

BILLY
(lo scansa, e si avvicina a Minnie, con umiltà ipocrita)
Padrona...

MINNIE
Che fai qui? Sai la lezione?

BILLY
Lezione, Billly?...
(ridendo ebete)
HÈ...

MINNIE
Sentiamo: conta fino a dieci.

BILLY
... Uno... due... tre...
quattro...cinque, sei, sette...fante, regina e re ...
(tutti scoppiano in una risata. Minnie si alza)

MINNIE
Che stupida marmotta!
E Wowkle? L'hai sposata?

BILLY
(con aria sorniona),
Ora tardi sposare... Abbiamo bimbo...
(Un'altra risata accoglie quest'uscita. Minnie lo chiama.
Egli si avvicina a malincuore.
La fanciulla gli toglie di tasca i sigari rubati)

MINNIE
Questo pezzente un giorno l'ha sedotta...
Furfante! Ed hanno un bimbo di sei mesi!
Guai a te se domani non la sposi!
Ora, via!
(Lo afferra per un orecchio e tra le risa di tutti
lo mette alla porta. Ritorna al banco. Rance,
che per tutto il tempo ha osservato le sue mosse,
si avvicina al banco.
A un tratto si sente il galoppo di un cavallo)

NICK
(accorrendo alla porta)

トゥリン
(笑いながら)
見ろ、ミニー!

ミニー
どうしたの?

ジョー
ビリーがグラスを洗ってくれたぞ!

ビリー
(善良さを装った笑いを浮かべ
片手で胸を叩きながら)
うまいなあ…

ミニー
ビリー!

ニック
(彼を足蹴にしようとしながら)
ここから出てゆけ、ならず者め!

ビリー
(彼を避け、ミニーに偽善的な慎ましさで近づく)
先生…

ミニー
ここで何してるの? 授業だとわかってるわね!

ビリー
授業は、ビリー?…
(痴呆じみた笑いで)
へー…

ミニー
聞きましょう。10まで数えて!

ビリー
… 1 … 2 … 3…
4… 5、6、7… ジャック、クイーン、そしてキング…
(一同、大笑いをする。ミニーは立ち上がる)

ミニー
何てお馬鹿さんな怠け者なの!
で、ウォークルとは結婚したのね?

ビリー
(善良ぶった雰囲気で)
結婚、もう遅い… 息子はいる…
(もう一度笑いが起こり、彼は出てゆこうとする。ミニーは彼を呼ぶ。
彼は不承不承ミニーに近づく。
彼女はポケットから彼が盗んだ葉巻を取り出す)

ミニー
この悪党はある日彼女を誘惑し…
ろくでなし! 6ヶ月になる男の子がいるのよ!
明日結婚していなければ大変な目にあうわよ!
さあ、行って!
(彼の耳を掴み、一同の笑いの中、
彼を出口に連れて行く。ミニーはカウンターに戻る。
ずっと彼女の様子を観察していたランスが
カウンターに近づく。
丁度その時、1頭の馬のひづめの音が聞こえる)

ニック
(扉の方に駆け寄って)

- 14 -

La posta!

POSTIGLIONE
(fuori, apparendo sulla porta, a cavallo)
"Hallo", ragazzi!
(dà le lettere a Nick, che le porta dentro)
State attenti! s' è visto sul sentiero
un ceffo di meticcio...
(Nick distribuisce; un dispaccio per Ashby;
lettere a Happy, Bello e Joe; a Harry un giornale.
Ashby apre il dispaccio, lo legge con stupore)

ASHBY
Postiglione!
(Entra il Postiglione. Tutti gli sono intorno:
Ashby lo interroga)

ASHBY
Conosci certa Nina? Nina Micheltorena?

MINNIE
(interponendosi, con aria di donna informata)
E una finta spagnuola
nativa di Cachuca, una sirena
che fa molto consumo
di nerofumo
per farsi l'occhio languido.
... Chiedetene ai ragazzi!

(Trin e Sonora che sono lì presso, imbarazzanti,
fan cenni di diniego.
Il Postiglione esce con Nick.
Minnie torna al banco.
Happy, Bello, Joe ed altri,
in varie pose, chi più indietro, chi più avanti scorrono
le loro lettere. Harry legge il giornale.
Ashby e Rance si avanzano verso il proscenio)

ASHBY
Sceriffo, questa sera
ho Ramerrez al laccio...

RANCE
Come?

ASHBY
(mostrandogli il dispaccio ripiegato)
L'avventuriera
mi dice che sa il covo del bandito
e che stanotte a mezzanotte vada
alle "Palme" a trovarla.

RANCE
(dubitoso)
Ouella Micheltorena è una canaglia.
Ashby non vi fidate: è un brutto azzardo.

ASHBY
(strizzando l'occhio)
Hum! Vendette di donne innamorate...
Ad ogni modo, Rance, tengo l'invito.
(Rance e Asbby si appartano di nuovo presso il sottoscala,
a parlare fra loro. Sparsi qua e là i minatori
continuano a leggere le loro lettere;

郵便だ!

郵便配達夫
(外で、馬に乗ったまま扉に現れる)
やあ、みんな!
(ニックに手紙を渡す。彼は中に持って入る)
気をつけたほうがいいぞ! 小径で
妙な顔つきの男を見かけたものだから…
(ニックはみんなに配る。アシュビーには速達。
ハッピー、ベッロ、ジョーには普通書簡、ハリーには新聞。
アシュビーは速達を開け驚きをもって読む)

アシュビー
郵便屋さん!
(郵便配達夫が入ってくる。一同彼の周りに集まる。
アシュビーは彼に質問する)

アシュビー
ニーナ・ミチェルトレーナという人を知ってるか?

ミニー
(消息通であるかのように、中に割って入り)
偽のスペイン女よ
カチュカの生まれで、
油煙をたっぷり使って
両目を悩ましげに見せ
男を惑わす女よ。
… みんなに聞いてご覧なさい!

(トゥリンとソノーラは、困惑して
知らないという合図をその場から送る。
郵便配達夫は、ニックと一緒に出て行く。
ミニーはカウンターに戻る。
ハッピー、ベッロ、ジョー及び他の者達の、ある者は舞台奥で、
またある者は舞台前でと、思い思いの場所で手紙を読む。
ハリーは新聞を読んでいる。
アシュビーとランスは、舞台前面まで進み出てくる)

アシュビー
保安官、今晩
私はラメレスをひっ捕まえてやる…

ランス
何だって?

アシュビー
(折りたたんだ速達を見せながら)
この偽スペイン女が
盗賊の巣窟を知っていて
今晩12時に
酒房パルメに行くと言っているんだ。

ランス
(疑って)
そのミチェルトレーナは、ならず者だ。
アシュビー信じてはいけない。危険すぎる。

アシュビー
(目をきりっとさせ)
うーん! 恋する女の復讐か…
いずれにしてもランス、招待を受けよう。
(ランスとアシュビーが再び何やら話しながら
階段の下の方に離れる。あちらこちらで、鉱夫達が
手紙を読み続けている。ある者は、手紙を読み終えて

La Fanciulla del West di G.Puccini

chi straccia con dispetto la lettera dopo averla letta.
Altri invece la bacia e la mette con grande cura nel portafoglio;
altri leggono e ripongono le loro lettere dicendo: va bene.
Minnie, al banco, parla scherzosa con Sonora e Trin)

BELLO
(leggendo una lettera)
Ketty sposa? E chi sposa la mia Ketty?
Sentì! L'orologiaio suo vicino...
Quel vecchio sordo!... Mah!...
(sospiro di chi ricorda molte cose)
Povera Ketty!

HAPPY
(leggendo, sottovoce)
"... Perfino il pappagallo s'è avvilito;
non grida più: "Buongiorno, fratellino!"
ma chiama: te Happy" e poi dice: "Partito!"...

HARRY
(leggendo il giornale)
Incendi, guerre, terremoti, piene...
Quante cose nel mondo!...
E al mio villaggio, che faranno laggiù?
Staranno bene?...

JOE
(leggendo)
"Pur troppo, Joe, ci son notizie tristi..."
(continua a leggere sottovoce, poi dà un gran pugno sul tavolo e
si butta di schianto sdraiato su una panca,
con la testa fra le mani, mugolando)

TUTTI
(facendoglisi attorno)
Joe, che c'è? Brutte nuove? Su, coraggio!

JOE
(si alza, sbatte in terra il berretto, con ira dolorosa)
Ed anche nonna se n'è andata!
(sta per dire altre parole, ma si trattiene, si morde un dito,
asciuga gli occhi col dorso della mano e ordina, seccamente)
Whisky!
(va al banco dove è Minnie, beve ed esce).
(Nick è uscito. Ashby saluta Rance e Minnie
stringendo loro la mano, e gli altri con un gesto ed esce.
Rance rimane presso al banco e guarda Minnie).

NICK
(rientrando)
C'è fuori uno straniero...

MINNIE
Chi è

NICK
Non l'ho mai visto...
Sembra di San Francisco.
Mi ha chiesto un whisky ed acqua.

MINNIE
Whisky ed acqua? Che son questi pasticci?

NICK

「何てことだ」と言いながら手紙を破っている。
また、読み終えてから手紙にキスをし大切に財布にしまう者、
「よかった」などと言いながら手紙をしまっている者もいる。
ミニーはカウンターでソノーラとトゥリンらと冗談交じりに話している)

ベッロ
(手紙を読みながら)
ケティが結婚？ 誰が俺のケティと結婚するんだ？
何だって! 近所の時計屋だと…
あの耳の聞こえない老いぼれと… 馬鹿な!…
(様々な思いが蘇り、ため息をつく)
かわいそうなケティ!

ハッピー
(小声で手紙を読みながら)
「… オウムまで、がっくりきています。もう、
オハヨウ、キョウダイ! とは言ってくれません。
ハッピー、イッタ、イッタ! と繰り返しています!」

ハリー
(新聞を読みながら)
火事、戦争、地震、洪水…
世の中こんなに起こっているんだ!…
俺の故郷では、みんなどうしているんだろう？
元気でやっているのかな？

ジョー
(読みながら)
「残念だけれど、ジョー、悲しい知らせが… 」
(小さな声で読み続けている。次にテーブルを拳でひと殴りし、
突然長椅子に横になるように身を投げ出し、
頭を両手で覆い、すすり泣きだす)

一同
(彼の回りに集まりながら)
ジョー、どうした？ 悪い知らせか？ 元気出せよ!

ジョー
(苦しみの怒りで、帽子を地面に叩きつけながら)
祖母(ばぁ)さんまで去ってしまった!
(何か言おうとするが、それを押しとどめ、指を噛んで、
涙を手の甲で拭うと、素っ気なく注文する)
ウイスキー!
(ミニーのいるカウンターに行き、ウイスキーを飲み出てゆく)
(ニックは出てゆく。アシュビーはランスとミニーに握手をし、
その他の者達に挨拶をして出てゆく。
ランスはカウンターに残り、ミニーを見詰めている)

ニック
(再び入ってきながら)
外に見たことのない男がいる…

ミニー
誰？

ニック
見たことない男だ…
サン・フランシスコの男のようだけど。
ウイスキーと水を注文した。

ミニー
ウイスキーと水？ 何なの、そのごちゃ混ぜは？

ニック

La Fanciulla del West di G.Puccini

È quello che gli ho detto
Alla "Polka" si beve l' whisky schietto.

MINNIE

Bene, venga.

Gli aggiusteremo i ricci.

(Nick esce di nuovo. Intorno a un tavolo rimangono tre o quattro
a giuocare ai dadi; dopo poco se ne vanno;
tutti a poco a poco si allontanano,
chi nella sala da ballo, chi esce,
chi va sopra. Rimangono soli Minnie e Rance.
Rance si fa più dappresso a Minnie, parlandole
con voce tremante di desiderio)

RANCE

Ti voglio bene, Minnie...

MINNIE

(sorridendo, indifferente)

Non lo dite...

RANCE

Mille dollari, qui, se tu mi baci!...

MINNIE

(nervosa, ridendo)

Rance, voi mi fate ridere... Su via,
finitela!

RANCE

(incalzandola)

Tu non puoi siar qui soia!
Ti sposo..,

MINNIE

(scansandolo, ironica)

E vostra moglie, che dirà?...

RANCE

Se tu lo vuoi, mai più mi rivedrà!

MINNIE

(con fierezza)

Rance, basta! M'offendete!
Vivo sola così, voi lo sapete,
perchè così mi piace...

(frugandosi ili petto e facendo luccicare
in faccia a Rance una pistola)

(sommessamente, ma con forza)

con questa compagnia sicura e buona,
che mai non m'abbandona...
Rance, lasciatemi in pace.

(Si ripone la pistola nel petto.
Rance si allontana dal banco in silenzio,
siede al tavolo del faraone e nervosamente mischia le carte).

MINNIE

(lo guarda di sottecchi, poi gli si avvicina)

Siete in collera, Rance? Perchè? Vi ho detto
il mio pensiero schietto...

RANCE

(getta le carte sul tavolo con un gesto violento,
poi con voce aspra e tagliente)

俺も言ってやりましたよ。
ポルカでは、ウイスキーはストレートだって。

ミニー
いいわ、入れてあげて。
縮れ毛を真直ぐに直してあげるわ。

(ニックは再び出てゆく。1つのテーブルに3・4人が
サイコロ遊びのために残るが、しばらくして退場する。
一同が次第次第に遠ざかり、
ダンスホールに行く者、退場する者、
二階に上る者まちまちである。ミニーとランスだけが残る。
ランスはさらにミニーに近づいて、彼女に
欲望に震える声で話しかける)

ランス
ミニー、君を愛しているよ…

ミニー
(無関心を装い、笑いながら)
そんなこと言うもんじゃないわ…

ランス
俺にキスしてくれたら、ほら、1000ドルある!

ミニー
(神経質になって、笑いながら)
ランス、笑わせるわね…
もういい加減によして頂戴!

ランス
(彼女に迫りながら)
あんたはここで一人じゃ生活できない!
俺はあんたと結婚する…

ミニー
(彼から離れながら皮肉めいて)
じゃあなたの奥様は、何ておっしゃるかしら…

ランス
あんたが望めば、あの女は俺に会うことはない!

ミニー
 (怒って勢いよく)
ランス、やめてよ! 私、怒っているのよ!
あなたも知っての通り、私が一人で生きてるのは
こうしているのが好きだからなのよ…
(懐のあたりを探りながら、ランスの顔にその光沢を
見せ付けるようにピストルを取りだす)
(低いけれど、しっかりとした声で)
この誠実で善良な仲間と一緒に
これは決して私を見捨てないわ…
ランス、私を好きにさせておいて…
(懐にピストルをしまう。
ランスは黙ったままカウンターから離れ、
ゲーム用のテーブルに座り、苛々してカードを切る)

ミニー
(ひそかに彼を見ていたが、やがて近づいて)
ランス、怒ったの? どうして? あなたに
私の考えていることを、正直に言っただけよ…

ランス
(テーブルの下にカードを激しく投げつけ、
とげとげしく、すげない声で)

– 17 –

Minnie, dalla mia casa son partito,
ch' è là dai monti, sopra un altro mare:
non un rimpianto, Minnie, m'ha seguito,
non un rimpianto vi potea lasciare!
Nessuno mai mi amò,
nessuno ho amato,
nessuna cosa mai mi diè piacere!
Chiudo nel petto un cuor di biscazziere,
amaro e avvelenato,
che ride dell'amore e del destino:
mi son messo in cammino
attratto sol dal fascino dell'oro...
È questo il solo che non m'ha ingannato.
Or per un bacio tuo getto un tesoro!

MINNIE
(sognando)
L'amore è un'altra cosa...

RANCE
(beffardo)
Poesia!

MINNIE
Laggiù nel Soledad, ero piccina,
avevo una stanzuccia affumicata
nella taverna sopra la cucina.
Ci vivevo con babbo e mamma mia.
Tutto ricordo: vedo le persone
entrare e uscire a sera.
Mamma facea da cuoca e cantiniera,
babbo dava le carte a faraone.
Mamma era bella, aveva un bel piedino.
Qualche volta giuocava anch'essa; ed io,
che me ne stavo sotto al tavolino
aspettando cader qualche moneta
per comprarmi dei dolci, la vedevo
serrar furtiva il piede al babbo mio...
Si amavan tanto!...
Anch'io così vorrei
trovare un uomo: e certo l'amerei.

RANCE
(guardandola fisso, minaccioso,
poi reprimendosi)
Forse, Minnie, la perla è già trovata?
(Minnie stà per rispondere, quando Nick rientra. È con lui Dick
Johnson. Ha sotto il braccio la sella del suo cavallo)

JOHNSON
(posando la sella in terra, fieramente)
Chi c' è, per farmi i ricci?...

MINNIE
(ha uno scatto di sorpresa,
come chi riconosce una persona. Ma si frena subito)
Salute allo straniero!

ミニー、俺はあの山々の向こうの
もう一つの海に面した家を後にしてきた。
ミニー、誰も俺に哀惜の念を持たなかったし
土地を離れることに、名残惜しさは感じなかった!
誰も一度だって俺を愛さなかったし、
俺だって誰も愛さなかった、
何一つとして、いとおしく感じるものはなかった!
胸に閉じ込めてあるのは、賭博師の心だけ、
苦く、毒されて
愛や運命をあざ笑っている心さ。
俺は歩み始めた、
黄金の魅力だけに捕らえられて…
黄金だけは、俺を欺かなかった。でも、
あんたのキスの為ならこの宝も投げ出す!

ミニー
(夢見ているように)
愛って、もっと別のものよ…

ランス
(馬鹿にしたように)
うわごとさ!

ミニー
まだ小さかった頃、ソレダードの
煙に燻ったひどい部屋を与えられていた…
居酒屋の台所の真上の部屋。
そこに父と母と一緒。
全部覚えているわ。夕方になると
人々が出たり入ったり…
母さんは、料理人に酒蔵番、
父さんはカードに夢中。
母さんはとっても美しく、きれいな足だったわ。
何度か彼女も、カードに加わっていたわ。で、私は
小さなテーブルの下で
小銭が落ちてくるのを待っていた…
それでお菓子を買うのよ。母さんの足が
そっと父さんに押し付けるのを見たことがあるわ…
本当に愛し合っていたのね!…
私もそんな男の人を見つけたい。
きっとその人を愛すわ。

ランス
(まるで脅すようにミニーを威嚇的に見詰めるが、
すぐに気持ちを押さえ)
ミニー、その真珠をもう見つけたのか?
(ミニーが答えようとした時に、再びニックが入ってくる。彼は
ディック・ジョンソンと一緒である。彼は馬の鞍を担いでいる)

ジョンソン
(乱暴に鞍を床に置いて)
縮れ毛を真直ぐにしてくれるのは、誰なんだい?

ミニー
(まるでかつて知っている誰かに会ったような驚きを一瞬覚える。
しかしすぐに自分を抑え)
見知らぬ人にご挨拶を!

伝説のジョンソン、エンリーコ・カルーソ

JOHNSON
(anche lui, dopo un moto di stupore, con fare più dolce)
Io son quello che chiesi whisky ed acqua.

MINNIE
(premurosa)
Davvero?
Nick, il signore prende l' whisky come gli pare.
*(Controscena di meraviglia di Nick e Rance.
Nick cerca sotto il banco la caraffa dell'acqua.
Rance osserva, con le ciglie aggrottate)*

MINNIE
(indicando a Johnson una panca, un po' imbarazzata)
Sedetevi... Dovete essere stanco...

JOHNSON
(con lo stesso imbarazzo, guardandola)
La ragazza del campo?

MINNIE
(arrossendo)
... Sì.

RANCE
(provocante e canzonatorio, avvicinandosi a Johnson)
Nessuno straniero
può entrare al campo.
Certo, voi sbagliaste sentiero, giovinotto.
Per caso, andavate a trovare
Nina Micheltorena?

MINNIE
(a Rance, sgridandolo)
Rance!

JOHNSON
Fermai il cavallo qualche momento appena

ジョンソン
(彼も多少の驚きの後、可能な限り優しく)
ウイスキーと水を頼んだのは私だ。

ミニー
(親切に)
本当ですの？ ニック、この方はウイスキーを
自分の気に入ったように召し上がるわ。
(ニックとランスの驚きの演技がある。
ニックはカウンターの下にある水用のピッチを探す。
ランスは、眉をひそめて様子を観察する)

ミニー
(多少困惑した様子で、ジョンソンに一脚の椅子を示しながら)
お掛けください… お疲れでしょうから…

ジョンソン
(彼も同様に困惑しながら彼女を見詰めながら)
このキャンプの方ですか？

ミニー
(顔を赤らめながら)
… ええ。

ランス
(ジョンソンに近づきながら、挑発的に、嘲笑しながら)
よそ者は、
誰一人キャンプには入れない。
きっとあんたは道を間違えたんだ、
偶然にも、会いに行くところだったのかな…
ニーナ・ミチェルトレーナにでも？

ミニー
(ランスに大声で)
ランス！

ジョンソン
ほんの少しの間、馬を休めてやろうと思って

per riposarmi…
e, al caso, tentare un baccarat.

RANCE
(aspro)
Giuocare? E il vostro nome?

MINNIE
(ridendo).
Forse che qui si sa
il nome della gente?

JOHNSON
(fissando Rance)
Johnson.

RANCE
(ostile)
Johnson... E poi?

JOHNSON
Vengo da Sacramento.

MINNIE
(con molta gentilezza)
Benvenuto fra noi,
Johnson di Sacramento!
(Rance si ritira in disparte, fremendo. Nick esce)

JOHNSON
(a Minnie. Entrambi sono appoggiati al banco)
Grazie... Vi ricordate
di me?

MINNIE
(sorridendo)
Sì, se anche voi
mi ricordate...

JOHNSON
E come non potrei?
Fu pel sentiero
di Monterey...

MINNIE
Fu nel tornare...
Mi offriste un ramo
di gelsomino...

JOHNSON
E poi vi dissi: Andiamo
a cogliere le more...

MINNIE
Ma io non venni...

JOHNSON
È vero...

MINNIE
Ricordate, signore?

JOHNSON
Come adesso...

MINNIE

立ち止まっただけで…
それに、都合がつけば、バカラでも遊ぼうかと。

ランス
(厳しく)
遊ぶだって？ あんたの名前は？

ミニー
(笑いながら)
ここでは、その人の名前なんて
必要だったかしら？

ジョンソン
(ランスを凝視して)
ジョンソンだ。

ランス
(敵意をむき出しにして)
ジョンソン… それから？

ジョンソン
サクラメントから来たんだ。

ミニー
(非常に優しく)
ようこそ私たちの土地に。
サクラメントのジョンソンさん！
(ランスはじっとしていられず少し離れる。ニックは出て行く)

ジョンソン
(ミニーに。2人ともカウンターにもたれ掛って)
ありがとう… 俺のことを
覚えているかい？

ミニー
(微笑みながら)
ええ、あなたも私のこと
覚えていらっしゃるでしょ…

ジョンソン
忘れるなんて？
モントレーに向かう
小径での事だったね…

ミニー
帰り道の事だったわ…
あなた私に
ジャスミンのひと枝を下さったわ…

ジョンソン
それであなたに、こう言ったんだね、
野いちごを摘みに行こう…

ミニー
でも私は行かなかったわ…

ジョンソン
そうだったね…

ミニー
覚えていらっしゃる？

ジョンソン
まるで今話しているように…

ミニー

La Fanciulla del West di G.Puccini

Io ripresi il mio cammino,
Voi dicevate...
(abbassando gli occhi)
Non ricordo più...

JOHNSON
(avvicinandolesi)
Sì, che lo ricordate
Dissi che da quell'ora...

MINNIE
„.. Non m'avreste scordato.

JOHNSON
„.. Nè v'ho scordato mai!

MINNIE
Quanto tempo sperai
di rivedervi... E non vi vidi più!

RANCE
(si è avvicinato al banco.
Con un colpo rovescia il bicchiere di Johnson)
Signor Johnson, infine voi m'avete seccato!
Sono Jack Rance, sceriffo.
Non mi lascio burlare.
Che venite a far qui?
(Johnson si ritrae d'un passo
e lo guarda sdegnosamente.
Rance va alla porta della sala da ballo e chiama:)
Ragazzi! Uno straniero
ricusa confessare,
perchè si trova al campo!
(Alcuni minatori escono dalla sala da ballo,
investendo Johnson)

I MINATORI
Chi é ? Dov'è?
Lo faremo cantare!

MINNIE
(arrestandoli con un gesto imperioso)
Io lo conosco!
Innanzi al campo intero
sto garante per Johnson!...
(L'intervento di Minnie calma tutti i minatori, che si avvicinano
a Johnson, salutando con fare cordiale)

SONORA
Buona sera,
signor Johnson!

JOHNSON
(con effusione, stringendo le mani che gli si tendono)
Ragazzi, buona sera

TRIN
(indicando Rance, che si è ritirato
indietro, più pallido del consueto)
Ho piacere per lui! Questo cialtrone
smetterà quel suo fare da padrone!

HARRY

私はまた歩き始めたわ。
あなたは言ったわ…
（目を伏せながら）
思い出せない…

ジョンソン
（彼女に近づきながら）
嘘だ、覚えているはずだ…
俺はこう言ったんだ、あの時から…

ミニー
… 私のことを忘れないと。

ジョンソン
… 俺は、あんたの事を忘れた事がない!

ミニー
一体どれほどあなたにもう一度会う事を
待ち望んだ事か… ずっと会えなかった!

ランス
（カウンターに近づく。
ジョンソンのグラスをひっくり返す）
ジョンソンさん、あんたはいらいらさせるんだよ!
俺はジャック・ランス、保安官だ。
冗談やからかいは許さない。
ここに何しにやって来たんだ?
（ジョンソンは一歩引き下がり、
軽蔑したように彼を見る。
ランスはホールの扉の方に行き、みんなに呼びかける）
みんな! このキャンプに来た理由を
明かしたがらない
他所者（よそもの）がいるぞ!
（何人かの鉱夫達がホールから出てきて、
ジョンソンを取り囲みながら）

鉱夫達
誰だ? どこにいる?
口を割らせてやる!

ミニー
（きっぱりと彼等の行為を遮りながら）
私は彼が誰だか知っているわ!
キャンプ中のみんなの前で、
ジョンソンさんの保証人になるわ!…
（ミニーが割って入ったので、鉱夫達は落ち着く。
皆はジョンソンに近づき 歓迎するかのように挨拶をする）

ソノーラ
今晩わ
ジョンソンさん!

ジョンソン
（彼に差し出された手を握りながら、愛情に満ちて）
皆さん、こんばんは!

トゥリン
（いつもよりずっと青ざめ、
後ろに下がったランスを指差しながら）
彼のためにも歓迎だよ! こいつも
主人面をするだろうよ!

ハリー

- 21 -

(a Johnson, indicando la sala da ballo)
Signor Johnson, un valzer?...
JOHNSON
Accetto.
(offrendo il braccio a Minnie)
Permettete ?
*(Tutti guardano Minnie, fra lo stupore e la gioia,
sorridendo come per incitare Minnie a ballare.
Soltanto Rance ha l'aspetto accigliato)*
MINNIE
(confusa, ridendo)
Io?... Scusatemi, Johnson :
voi non lo crederete,
tua non ho mai ballato in vita mia...
JOHNSON
(sorridendo)
Andiamo...
TUTTI
Avanti, Minnie!... Sarebbe scortesia!

(ホールを指し示しながら、ジョンソンに)
ジョンソンさん、ワルツでもいかがですか?…
ジョンソン
よろこんで。
(ミニーに腕を差し出し)
いいですか?
*(皆は、どうやって踊りに誘い出すかを、
驚きと喜びを持ってミニーを見る。
ランスだけは、苦虫を噛み潰したような顔をしている)*
ミニー
(混乱して笑いながら)
私が?… ご免なさい、ジョンソン、
信じてくれないかもしれないけれど、
私、今まで踊ったことがないの…
ジョンソン
(微笑みながら)
行こうよ…
一同
さあ、ミニー!… 踊らなきゃ失礼だよ!

MINNIE
(decidendosi, graziosamente)
E andiamo pure!
(prende il braccio di Johnson)
TUTTI
Avanti! Musica!... Hip!... Hurrah!
*(Trin e Sonora tengono aperto l'uscio della sala:
Minnie e Johnson scompaiono nella sala,
danzando, seguiti dagli uomini;
restano Sonora, Trin, Bello, Harry, Rance).*
NICK
(rientrando)
Dov'è Minnie ?
RANCE
(ringhioso)
E là dentro

ミニー
(決心して優雅に)
それでは、まいりましょう!
(ジョンソンの腕をとりながら)
一同
さあ、音楽だ!… 飲んで!… いいぞ!
*(トゥリンとソノーラは部屋の扉を開けたままにしている。
ミニーとジョンソンは踊りながらホールに入ってゆく。
男達はついて行くが、
ソノーラ、トゥリン、ベッロ、ハリー、ランスは残る)*
ニック
(再び入ってきて)
ミニーはどこだ?
ランス
(怒鳴るように)
あの中だよ

che balla con quel can di pelo fino
giunto da Sacramento!

(Vede la sella di Johnson a terra, con un calcio la butta lontano
Nick scrolla le spalle. Si sentono di fuori delle grida.
Appare sulla porta Ashby,
con pochi uomini, gettandosi innanzi José Castro)

ASHBY
Al laccio! Legatelo!
(Alcuni lo legano. Castro cade a terra,
a sinistra, quasi al proscenio,
con aria di bestia terrorizzata)

CASTRO
(vedendo la sella di Johnson, fra sè)
La sella del padrone! L'hanno' preso!

ASHBY
(a Nick, ansando)
Da bere!... Sono morto.

RANCE
(afferrando Castro per i capelli e rovesciandogli il capo)
Figlio di cane, mostraci
la tua lurida faccia!
Tu sei con Ramerrez!...
(Un gruppo di minatori esce precipitosamente dalla sala da ballo.
Di dentro la danza continua).

CASTRO
(impaurito)
Son fuggito. L'odiavo.
Se volete, vi porto
sulla sua traccia!

SONORA
(violento)
Questo sudicio ladro
c' inganna!

CASTRO
Non v'inganno!

RANCE
Conosci il nascondiglio?

CASTRO
(con voce fioca)
É a poco più d'un miglio:
alla Madrona Canyada.
(tutti, meno Rance, si avvicinano, curvandosi, a Castro, e
ansiosamente ascoltano)
Vi mostrerò la strada.
In nome di mia madre
Maria Saltaja,
giuro che non v'inganno!
Se volete, vi porto.
Gli pianterò nel dorso
la mia navaja!

RANCE
(interrogando intorno)
Si va?

サクラメントからやって来た
御立派なお犬様と、踊ってらっしゃいますよ!
(床に投げ出されたジョンソンの馬鞍を見て、足で蹴る。
ニックは肩をすくめる。外で叫び声が聞こえる。
扉のところにアシュビーが
数人の男達と現れる。彼はホセ・カストロを前に突き出す)

アシュビー
縛り首だ! 奴を吊るせ!
(何人かの者達が彼を縛る。カストロは舞台上手の
プロセニアムのあたりに倒れる。
恐怖のあまり引きつっている)

カストロ
(ジョンソンの鞍が落ちているのを見て、独白)
〔親分の鞍だ! 彼は捕まったんだ!〕

アシュビー
(ニックに、息を切らせて)
飲み物を!… もう駄目だ。

ランス
(カストロの髪を掴んで、頭を後ろに反らせながら)
犬野郎め、お前の
汚れた面を見せろ!
お前はラメレスの一味だな!…
(鉱山夫のグループが慌ててダンスホールから出てくる。
ホールではダンスが続いている)

カストロ
(恐ろしくなって)
俺は逃げて来たんだ。あいつを憎んでいた。
あんた達が望むなら、
手懸りを教えるよ!

ソノーラ
(乱暴に)
この不潔な盗賊は
俺達を騙そうとしている!

カストロ
騙そうだなんて!

ランス
隠れ家を知っているのか?

カストロ
(蚊の泣くような声で)
1マイルほど離れた所です。
マドローナ・カニャーダです。
(ランスを除く全員がカストロに近づき、腰を屈めて、
答えを待ちかねたように聞き入る)
あんた達に、道を教えますよ。
俺の母親
マリーア・サルターヤの名にかけて
決して騙そうなんてしていない事を誓うよ!
あんた達さえ望めば、連れて行くさ。
あいつの背中に
俺の小刀を突き刺してやる!

ランス
(立ち上がり、周りの皆に尋ねる)
行ってみるか?

La Fanciulla del West di G.Puccini

ASHBY
(guardando fuori, scrutando il cielo)
S'è annuvolato...
Avremo la tormenta...

SONORA
E un buon colpo...

TRIN
Si tenta!
(Trin e Sonora, verso la porta della sala da ballo, chiamando)
A cavallo! a cavallo!
(all'aprirsi della porta Castro
ha guardato dentro; ha visto Johnson;
Johnson lo ha notato)

CASTRO
(fra se, lieto)
Non è preso! É nel ballo!

UOMINI DEL CAMPO
(uscendo dalla sala da ballo)
Dove si va?

RANCE
S'insegue
Ramerrez! Presto

NICK
(a Sonora, preoccupato
per Minnie e per il barile)
E l'oro ?

SONORA
(con galanteria)
Gli occhi di Minnie bastano
a guardarci il tesoro!

(Tutti escono.
Fra essi il cantastorie Jake Wallace. Nick si trae
dalla cintura la pistola e si mette sulla porta a fare la guardia.
Poco appresso esce dalla sala Johnson:
vede Castro, si domina:
Castro finge di essere arso di sete)

CASTRO
(a Nick)
Aguardiente!
(Nick va dietro il banco a prendere
l'acquavite: Johnson si avvicina a Castro senza farsi notare).

CASTRO
(pianissimo, rapido)
Mi son lasciato prendere
per sviarli.
Mi seguono nel bosco
i nostri. Presto udrete
un fischio; se c' è il colpo, rispondete
col fischio vostro.
(Nick porta a Castro l'acquavite:

アシュビー
(外を見て、天候の具合を確認する)
雲がかかってきたな…
吹雪になるかも知れん…

ソノーラ
一網打尽だ…

トゥリン
やってみよう!
(トゥリンとソノーラはホールの扉に向かって呼びながら)
馬の用意だ! 馬だ!
(扉が開かれるすきにカストロは部屋の中を見る。
彼はジョンソンがいることを確認する。
ジョンソンもカストロに気づく)

カストロ
(ほっとして独白)
〔捕まっていなかったんだ! ダンスとはね! 〕

キャンプの男達
(ダンスホールから出てきながら)
どこへ行くんだ?

ランス
ラメレスを追うのだ!
急げ!

ニック
(黄金の入った樽に近づき
それを舞台中央に押しやりながらソノーラに)
この黄金は?

ソノーラ
(慇懃に)
黄金を見張るには
ミニーの両目で充分だ!

(一同出てゆく。
その中には、流しの唄うたいジェイク・ウォーレスもいる。
ニックはベルトからピストルを抜き、見張りのために扉に張り付く。
続いてジョンソンがホールから出てくる。
彼はカストロを見て自制する。
カストロは焼けつくようにのどが渇いている振りをする)

カストロ
(ニックに)
アグアルディエンテ! (1)
(ニックは、ブランデーを取るために、カウンターの後ろに回る。
ジョンソンはカストロに近づくが、全く知らぬ振りをする)

(1) Aguardiente
スペイン語。蒸留酒、焼酎の意。ラム酒を意味する事もある。

カストロ
(非常に小さい声で、早口に)
奴等をマクために
わざと捕まってやった。
仲間は、俺について来ている、
森の中だ。合図の口笛が聞こえたら
親分の口笛で
応えてやってくれ。
(ニックはカストロにブランデーを持っていく。

- 24 -

La Fanciulla del West di G.Puccini

Johnson si volge, indifferente:
Castro beve con avidità)

NICK
(a Johnson)
Quest'uomo sa la traccia
di Ramerrez...
(Dalla finestra, dietro il banco, si vedono apparire
e sparire torce e lumi bianchi e rossi:
si odono passi di cavalli: le teste dei cavalli
appariscono all'altezza della finestra: si alternano voci.
Rance entra con alcuni nomini)

RANCE
(indicando Castro)
Slegatelo!
(Fissa Johnson, con dispetto,senza salutare;
si morde di nascosto rabbiosamente una mano;
ordina agli uomini di portare fuori Castro,
che esce, guardando furtivamente Johnson)
Ora via!
(Partono: Nick, sulla porta, saluta)

NICK
Buona fortuna!
(Nick si dispone a chiudere la "Polka". Sale ai piano superiore
e spegne il lume: spegne, qua e là, lumi e candele; va alla sala da
ballo; Minnie ne esce; Nick entra, spegne e ritorna)

MINNIE
(a Johnson)
Oh, signor Johnson, Siete
rimaste indietro a farmi compagnia
per custodir la casa?...

JOHNSON
(con un lieve turbamento)
Se volete...
(siede presso al tavolo del giuoco.
Minnie rimane in piedi dinnanzi a lui,
appoggiata al tavolo. Dopo una pausa;)
Che strana cosa' Ritrovarvi qui
dove ognuno può entrare
col tranquillo pretesto
di bere, e con l'intento
di rubare...

MINNIE
Vi dò la mia parola
che saprei tener fronte
a chiunque...

JOHNSON
(osservandola, sorridendo)
Anche a chi
non volesse rubare
più che un bacio?...

MINNIE
(ridendo)
Anche!... Onesto
mi è accaduto, talvolta...,

次にジョンソンの方を無関心に振り向く。
カストロはむさぼるように飲む)

ニック
(ジョンソンに)
この男が、ラメレスの巣窟を
知っているんだ…
(カウンターの後方、窓越しに白色や赤色の
松明やライトが見え隠れするのが確認できる。
数頭の馬の頭部が
窓の高さに見える。様々な声が入り混じる。
ランスが何人かの男達と入ってくる)

ランス
(カストロを示しながら)
緩めてやれ!
(ランスは、ジョンソンに怒ったように挨拶もせず睨む。
片方の手を怒りにまかせ隠れてかじる。
それから男達にカストロを外に連れ出すよう命じる。
ジョンソンを怒りのまなざしで見詰めたまま退場する)
さあ行くぞ!
(彼らは出発する。ニックは扉のところで挨拶をする)

ニック
幸運を祈るよ!
(ニックは、店を閉める準備をする。二階の灯りを消す。
あちこちのランプと蝋燭の火も消し、ホールに向かう。
ミニーがホールから出てくる。ニックは入って消灯し再び出てくる)

ミニー
(ジョンソンに)
まあ、ジョンソンさん、あなたは
家を護るために、私と一緒に
残ってくれたの?…

ジョンソン
(少し当惑して)
もし必要なら…
(ゲーム用のテーブルに座る。
ミニーはテーブルに身体をあずけ、
立ったまま彼の前にいる。少しの間があいて)
不思議なことだ! あんたにここで会えるなんて
誰でも自由に
飲むために…
盗みに…
入って来ることが出来る所で…

ミニー
どんな種類の人間とでも
私は勇敢に戦えるってことを
言っておくわ…

ジョンソン
(微笑みながら、彼女を注意深く見る)
たとえ、その人から
盗もうと思っているものが
キスだけだとしても?…

ミニー
(笑いながら)
そうよ!… そんなこと
何度もあったわ…

La Fanciulla del West di G.Puccini

(abbassando gli occhi con grazia)
Ma il primo bacio debbo darlo ancora.

JOHNSON
(guardandola con interesse crescente)
Davvero? Ed abitate qui alla «Polka?»

MINNIE
Abito una capanna a mezzo il monte.

JOHNSON
Meritate di meglio.

MINNIE
Mi contento
a me basta; credete.
Ci vivo sola sola,
senza timore...
(una pausa)
Strano!
Io sento che di voi mi fiderei,
ben ch'io non sappia ancora chi voi siate...

JOHNSON
Non so ben neppur io quello che sono.
Amai la vita, e l'amo,
e ancor bella mi appare.
Certo anche voi l'amate,
ma non avete tanto
vissuto per guardare fino in fondo
alle cose del mondo...

MINNIE
Non so, non vi comprendo.
Io non son che una povera fanciulla
oscura e buona a nulla:
mi dite delle cose tanto belle
che forse non intendo...
Non so che sia, ma sento
nel cuore uno scontento
d'esser così piccina,
e un desiderio d' innalzarmi a voi
su, su, come le stelle,
per esservi vicina,
per potervi parlare.

JOHNSON
Quello che voi tacete
me l'ha già detto il cuore
quando il braccio v'ho offerto
alla danza con me,
quando contro il mio petto
sentendovi tremare
ho provato una gioia
strana, una nuova pace
che ridire non so!

MINNIE

(優雅に目を伏せながら)
でも、最初のキスはまだなのよ。

ジョンソン
(彼女に対する興味が増し、見詰めながら)
本当か? ポルカに住んでいるのか?

ミニー
山の中腹にある小屋に住んでいるのよ。

ジョンソン
あんたには、もっとふさわしい所があるだろう。

ミニー
私は満足よ。
考えても見て
たったひとりで生きているのよ
充分だわ…
(少しの間)
変ね!
私、あなたのことは、信用できる気がするの
あなたがどんな人か、まったく知らないのに…

ジョンソン
俺にだって、自分がどういう人間か解らない。
人生を愛していたし、今もそうだ
今でも美しく輝いている。
あんたもきっと人生を愛しているはずだ。
しかし、あんたはまだ充分に見てはいない
世の中の様々なことの
奥の奥まで…

ミニー
私、あなたのこと理解できないわ。
私は、貧しく
目立つ事もなく何の取り柄もない娘。
私にどんな素敵な事を言ってくれても
きっと理解しないと思うわ…
でも、それが何か解らないけれど
この心の中で、こんな小娘でいることが
不満な何かを感じているの
あなたに向かって、立ち上がらせる希望と言うか、
空の高みにある星のように
あなたのそばにいることが出来るような
あなたに話しかけることが出来るような。

ジョンソン
あんたが秘めていることは
その心が語ってくれたよ
俺があんたに腕を差し伸べ
踊りに誘った時
この胸に寄り添った
あんたの震えを感じた。
俺は不思議な喜びを経験した
言葉で表現する事は出来ないけれど
新たな心の安らぎを!

ミニー

Ed anch'io, come voi,
leggermi in cuor non so,
ma ho l'anima piena
di tanta allegrezza,
di tanta paura...
(Nick è apparso sulla soglia,
con aria preoccupata: Minnie resta contrariata)

Che cosa c' è?

NICK
Guardatevi. S' è visto
qui attorno un altro ceffo messicano...

MINNIE
(alzandosi, verso la porta)
Dove, Nick?

JOHNSON
(trattenendola, con mistero)
Non andate!
(Si ode un fischio acuto,
nella notte. Johnson fra se)
Il segnale!...

MINNIE
(a un tratto timorosa, come rifugiandosi accanto a Johnson)
Ascoltate!
Che sarà questo fischio?
(indica il barile)
In quel barile, Johnson, c'è un tesoro.
Ci ripongono l'oro
i ragazzi...

JOHNSON
E vi lasciano così?...

MINNIE
Ogni notte rimangon qui a vegliarlo
a turno, un po' per uno.
Stanotte son partiti sulle peste
di quel dannato...
(con impeto)
Oh, ma, se qualcuno
vuole quell'oro,
prima di toccarlo,
dovrà uccidermi qui!

JOHNSON
Minnie! È potete correr tanto rischio
per ciò che non è vostro?

MINNIE
(posa il piede sul barile come per custodirlo)
Oh, lo fareste
anche voi! Se sapeste
quanta fatica costa, e com'è caro
questo denaro!
È una lotta superba!
L'alcali, il sasso, la creta, la zolla

私も、あなたと同じように
心の中を読むことは出来ないけれど
こんなにも喜びと
そして不安で一杯の
魂があるの…
(舞台奥の扉から、心配して入ってきたニックを見て、
途中でやめる)
どうしたの?

ニック
気を付けてくださいよ。この辺りで
別のメキシコ人を見たらしい…

ミニー
(立ち上がり、扉の方に向かいながら)
どこ、ニック?

ジョンソン
(ミニーを引きとめようとしながら)
行ってはいけない!
(闇の中を、鋭い口笛が聞こえる。
ジョンソンの独白)
〔合図だ!…〕

ミニー
(一瞬不安になるが、ジョンソンのそばに隠れるように)
聞いて!
あの口笛は何かしら?
(樽を指差し)
あの樽の中には、ジョンソン、黄金が…
鉱夫達みんなが
黄金を隠しているのよ…

ジョンソン
なのに、皆あんたを残して?…

ミニー
毎晩ここに、見張りのために残るのよ
交代でひとりづつ。
でも、今夜はあの忌々しい強盗を追って
皆出て行ったわ…
(興奮して)
もし誰かが
あの黄金を盗もうとすれば、
それに手を触れる前に
ここで、私を殺さなければならいわ!

ジョンソン
ミニー! あんたに関係のない危険に
飛び込もうとするのかい?

ミニー
(片足をまるで守備につくように樽にのせる)
まあ、そうしてきたんでしょ
あなただって! 仮にも一体どれ程の重労働で…
だから、どんなにこのお金が愛おしいか
知っていれば!
誇り高き闘争なのよ!
アルカリ金属塩も、岩壁も、粘土も、土塊も、

tutto è nemico! S'accoscian sull'erba
umida: il fango negli occhi, nell'ossa,
nel cuore! E un giorno, con l'anima frolla,
col dorso ricurvo, con arso il cervello,
sull'orlo a una fossa,
in riva a un ruscello
s'adagian: non sorgono più!...
(si sofferma, pensosa; si commove,
a un ricordo; siede sul barile)

Povera gente! Quanti son di loro
che han lasciato lontano una famiglia,
una sposa, dei bimbi,
e son venuti a morir come cani,
in mezzo alla fanghiglia,
per mandare un po' d'oro
ai cari vecchi, ed ai bimbi lontani!
(risoluta, con semplicità)
Ecco, Johnson, percbè
chi vuol quest'oro, prima
passerà su di mc!

JOHNSON
(con subito impeto)
Oh, non temete, nessuno ardirà
(con un movimento appassionato)
Come mi piace
sentirvi parlare!
E me ne debbo andare... Avrei voluto
salire a darvi l'ultimo saluto
nella vostra capanna...

MINNIE
(malinconica)
Dovete proprio andare? Che peccato!
(si avvicina alla porta,
sta un momento in ascolto)
I ragazzi saranno qui fra poco.
Quando saran tornati, io me ne andrò.
Se volete venirmi a salutare,
seguiteremo la conversazione
standoci accanto al fuoco...

JOHNSON
(esita, poi decidendosi)
Grazie. Minnie... Verrò.

MINNIE
(scherzosa e triste)
Non vi aspettate molto!
Non ho che trenta dollari
soli di educazione...
(si sforza a ridere, ma gli occhi le si gonfiano di lacrime)
Se studiavo di più, che avrei potuto
essere? Ci pensate?

JONHSON
(commosso, come fantasticando)

すべて敵よ! 湿った草の上にうずくまり
両目にも、骨にも、心臓にも
泥が入り込む! 脆弱な魂、
弓なりの背中、干し上がった脳みそを武器に
地溝の淵に
小川の川辺に身を
横たえるのよ。そして、二度と起き上がらない!…
(少し中断し想いにふける。ある思い出に
動揺するように樽の上に座る)
かわいそうな人達! 彼等のほとんどは
家族を遠くに残してきたのよ
新妻や、子供達も…
ここで犬のように死ぬために
この泥の真ん中で
わずかばかりの黄金を、愛する両親や
遠くの子供達に送るために!
(素朴だが、断固として)
だからジョンソン、
この黄金を盗もうとする者は、まず
私の死体の上を、通らなければならないのよ!

ジョンソン
(咄嗟に)
心配するな、誰もそんなこと出来やしない!
(情熱的な動きで)
こんな風に語る君の声を聞くことは
何て素敵なんだろう!
俺は行かなければならない…
最後の挨拶をするために
君の小屋まで登って行きたかったが…

ミニー
(寂しそうに)
本当に行くの? 残念だわ!
(扉に近づき、
一瞬話を聞こうとする)
みんなもうすぐ戻ってくるわ。
彼らが戻ってくれば、私は小屋に帰るわ。
よければ、その挨拶をしに来てもいいのよ
さっきの話の続きを
暖炉のそばで…

ジョンソン
(躊躇するが、きっぱりと)
ありがとうミニー… 行くよ。

ミニー
(悲しそうに、冗談めかして)
私のこと、そんなに期待しないでね!
たった30ドルぶんなのよ
私の教育は…
(無理に笑おうとするが、目には涙が一杯たまっている)
もっと勉強しておけば、どんな風になれたかしら?
想像できる?

ジョンソン
(まるで夢を見ているように感動して)

Ciò che avremmo potuto
essere!... Io lo comprendo
ora soltanto che vi guardo, Minnie!
MINNIE
(*asciugandosi una lacrima*)
Davvero?... Ma che vale!
(*risale la scena, appoggia
le braccia al banco colla faccia nascosta, singhiozzando*)
Io non son che una povera fanciulla
oscura, e buona a nulla...
JOHNSON
(*le si avvicina, con tenerezza*)
No, Minnie, non piangete...
Voi non vi conoscete.
Siete una creatura
d'anima buona e pura...
e avete un viso d'angiolo!...
(*Prende la sella, si avvia verso la porta con un gesto violento.
Sta un momento in ascolto, poi apre, esce rapidamente.
Nick accorre, sulla porta e l'apre, aspettando
che la padrona esca. Minnie come stordita,
rimane ferma in mezzo alla stanza oscura,
illuminata solo dai guizzi del lumicino del sottoscala.
A un tratto, come perduta in un ricordo inebriante,
mormora, piano:*)
MINNIE
Ha detto... Come ha detto?...
(*raccogliendosi tutta in un sospiro
e coprendosi il viso con le mani*)
Un viso d'angiolo!...

俺たち、何でもできるようになっていたさ!…
君を見ていると
それが解るんだよ、ミニー!
ミニー
(*涙を拭いながら*)
本当?… でもそれが何になるの?
(*再びカウンターの方に移動し、両腕で顔を覆うように
カウンターにもたれかかり、すすり泣きながら*)
私は、貧しく
これといった才能も、何の取り柄もない娘…
ジョンソン
(*彼女に近づき優しく*)
そうじゃないミニー、泣かないでおくれ…
君は、君自身をよく解っていない。
君は、善良で、純粋な魂を
持った人だ…
それに天使のような顔をして!…
(*鞍を持つと、勢いよく扉の方に向かう。
外の物音を確かめると扉を開け、急いで出て行く。
再びニックが入ってきて、女主人が
出て行くのを待つ。ミニーは呆然と暗い部屋の真ん中に、
不動のまま残る。
まだ明かりが灯っている唯一のランプの下で立ち止まる。
一瞬、陶酔した記憶の中に忘れ去られたかのように、
小さな声でつぶやく*)
ミニー
あの言葉… あの人何て言ったの…
(*彼女の気持ちの全てを、ため息が包み込み、
両手で顔を覆い隠しながら*)
天使の顔だって!…

ATTO SECONDO

L'abitazione di Minnie.

È composta di una sola stanza, alla quale sovrasta un
solaio, ove sono accatastati, con un certo ordine, bauli,
casse vuote ed altri oggetti.
La stanza è tappezzata nel gusto dell'epoca.
Nel centro, in fondo, una porta che si apre sopra
un breve vestibolo. A destra e a sinistra della
porta, due finestre con tendine.
Appoggiato ad una delle pareti il letto, con la testa
spinta sotto la tettoia formata dal solaio, coperto fino a
metà da un baldacchino di cretonne a fiorellini. Ai piedi
del letto, un piccolo tavolo, con sopra una catinella e la
brocca dell'acqua, ed un canterano sul quale stanno diversi
oggetti di toilette femminile.
Da un lato, in fondo, un armadio di legno di pino,
sullo sportello del quale è appeso un attaccapanni con
una vestaglia, un cappellino ed uno sciaIletto. Accanto
all'armadio, un focolare basso, sulla cui cappa stanno una
vecchia pendola, un lume a petrolio senza campana, una
bottiglia di whisky ed un bicchiere. Un'altra mensola a tre
ripiani, accanto al focolare, con piatti, vasetti, oggetti di
cucina. Dinanzi al focolare, una pelle di orso. Quasi dinanzi
alla porta, un poco più verso il focolare, una tavola
apparecchiata per uno. Della crema, dei biscotti, una torta,
delle fette di carne, una zuccheriera.
Lampada su la tavola.
Fra la tavola e il focolare, una sedia a dondolo, fatta con
un vecchio barile tagliato a metà e posto sopra due mezze
lune di legno. Altre sedie di cuoio, disposte qua e là.
Alle pareti sono appese delle vecchie oleografie e molti altri
bizzarri oggetti.
Non è passata un'ora dal primo atto.
Fuori fischia il vento. I vetri sono appannati dal gelo.
Quando si alza la tela Wowkle è accoccolata per terra,
presso al fuoco, col bambino nella cuna portatile
che ha appesa sul dorso.

第2幕

ミニーの住居。

ひと部屋で構成された住居。部屋の上部は
屋根裏部屋になっていて、ある意図をもって、スーツケース
空き箱、その他の日用品が積み上げられている。
床には時代の趣味にあったカーペットが敷かれている。
舞台奥中央は、狭い玄関に向かって開く扉。
扉の左右に
カーテンのかかった窓。
屋根裏部屋と壁面によって構成される
ひさしと呼ばれる部分に、その頭部が押し込められ
花柄模様の厚手の綿布で半分覆われたベッドがある。
ベッドの足もとには、小さなテーブルがあり、
その上には、洗面器、水差しが置かれている。また、棚付
サイドテーブルがあり、女性用化粧道具が置かれている。
舞台奥のもう一方には松の木でつくられた洋服ダンス。
簞笥の戸袋には衣装掛けが掛けられ
ガウン、小さな帽子、ショールなどが掛けられている。
洋服ダンスのそばに、背の低い暖炉。
その上には、古びた振り子時計、覆いのない石油ランプ
ウイスキーひと瓶、グラスがある。もうひとつ別の棚が
暖炉の傍にあり、皿や、磁器、台所用品などが
置かれている。暖炉の前には熊の敷物。
扉の前、少々暖炉寄りのテーブルに一人前の食事が
用意されている。クリーム、ビスケット、パイ、
何切れかの肉、食卓用砂糖入れなど。
テーブルにはランプ。
テーブルと暖炉の中間に、古くなった樽を
半分にし、その上に半月状の2枚の板を組み込んだ
揺り椅子。その他、あちこちに皮革製の椅子。
壁には、古びた石版画や、たわいもない品々が
掛けられている。
第1幕から1時間も経過していない。
外は風、ガラス窓は寒さの為曇っている。
幕が上がると、床にうずくまったウォークルが、
背中に赤ん坊をおんぶして、
暖炉の火のそばにいる。

(Con voce molle e monotona canta al bimbo una ninna nanna,　　　　　(柔らかいが単色の声で、赤ん坊を背中であやしながら

cullandoselo sul dorso)

WOWKLE
«Il mio bimbo è grande e piccino,
è piccino e sta dentro la cuna,
è grande e tocca la luna,
tocca la luna col suo ditino. (1)
Hao, wari! Hao, wari!...»

*(Billy batte all'uscio ed entra. Spesso, durante la scena,
i due indiani emettono un mugolìo sordo,
fra nasale e gutturale, molte simile ad un grugnito)*

BILLY
(entrando, come un saluto)
Ugh...

WOWKLE
(rispondendo)
Ugh...
*(Billy vede sulla tavola i bicchieri.
Ha uno sguardo cupido, fa per assaggiare)*

WOWKLE
(indicando la tavola)
Crema... Biscotti...
Padrona. Non toccare.

BILLY
Billy Onesto.
*(Vede in terra la carta della crema.
La raccoglie. C'è rimasta attaccataun po' di crema,
che egli riuniscecon le dita accuratamente.
Si siede accanto a Wowklecon indifferenza)*

Tua padrona mandare.
Dice: Billy sposare...

WOWKLE
(noncurante)
Ugh... Wowkle non. sapere...
(Una pausa)

BILLY
Che cosa dare tuo padre
per nozze?

WOWKLE
(c. s.)
Non sapere.

BILLY
Billy dar quattro dollari
tuo padre: e una coperta...
(si lecca le dita)

WOWKLE
Wowkle dire: tenere
coperta noi per bimbo...

BILLY
(pavoneggiandosi)
Nostro bimbo!
(dà a Wowkle un pezzetto

子守歌を唄っている)

ウォークル
私の坊やは、大きくて小さくて…
ゆりかごの中では小さくて
お月さんに触れるときには大きくて
この小さな指で触れるときには。
ハオ、ワリ! ハオ、ワリ!…

(1) 慣用句：「有頂天になる」の意味。

*(ビリーが、入り口の扉を叩いて入ってくる。舞台上では、
2人のインデアンが時折、鼻音と喉頭音の中間的な
声にならない呻きを出す。それはブタの鳴き声に酷似している)*

ビリー
(入ってきながら挨拶代わりに)
ウーッグ…

ウォークル
(答えて)
ウーッグ…
*(ビリーは、テーブルの上にあるビスケットとクリームを見る。
物欲しげなまなざしで、味見をしようとする)*

ウォークル
(テーブルを指差しながら)
クリーム… ビスケット…
ご主人様のもの。触ってはいけない。

ビリー
ビリー正直。
*(床にクリームの包み紙が落ちているのに気づき、
それを拾いあげる。クリームにまだ執着していたが、
彼は丁寧に指先でそれを合わせる。
ウォークルのそばに、無関心に座る)*

お前の主人寄越す。
言っている。ビリー結婚する。

ウォークル
(無関心に)
ウーッグ… ウォークル知らない…
(少し間がある)

ビリー
おまえの父親
結婚に何くれる?

ウォークル
(無関心に)
知らない。

ビリー
ビリー4ドルやる
お前の親に。毛布も…
(指をなめる)

ウォークル
ウォークル言う。持つこといい
毛布、子供のため…

ビリー
(得意になって)
俺達の赤ん坊!
(ウォークルに、クリームの付いた包み紙を与える。

La Fanciulla del West di G.Puccini

---

di carta con la crema, che lecca avidamente.
Billy accende la pipa, poi la passa a Wowkle
che tira una boccata e gliela rende)

Domani chiesa cantare...
(canta piano),
"Come fil d'erba è il giorno...
(Wowkle riconosce l'aria, con un grugnito di soddisfazione
si stringe a Billy,spalla a spalla,
e canta con lui con voce un po' nasale, dondolandosi)
... che all'uomo diÈ il Signor
scende l'inverno al piano,
l'uomo intristisce e muor!»
Dopo sposare: avere perle e whisky,!
(si leva di tasca un fazzoletto, lo piega,
lo mostra a Wowkle e lo mette nella culla
del bambino, facendole moine
e carezzandola col gomito)
Ugh...

WOWKLE
(alzandosi)
Ugh...
Ecco padrona!

(Minnie appare sulla porta. Entra tenendo in alto la lanterna;
la sua luce colpisce tu viso i due indiani,
che si scostano e si ritraggono confusi.
Minnie mal reprime una interna commozione:
guarda intorno per la stanza,
come a spiare che effetto farà la sua casa su Johnson:
ha un mantello rosso sopra il suo abito del primo atto.
Appende la lanterna al chiodo di legno dell'uscio esterno.
Wowkle alza la fiamma al lume della tavola)

MINNIE
Billy , è fissato?

BILLY
Domani

MINNIE
Sta bene.
Va via.
(Billy esce. A Wowkle)
Stanotte, Wowkle, cena per due..

WOWKLE
Altro venire?, Ugh!... Mai prima d'ora.

MINNIE
(appende il mantello all'attaccapanni)
Zitta, e pulisci!
Ciò non ti riguarda.
Che ora è? Sarà qui
fra poco...
Guarda!
(butta le calze in un cassetto.
Wowkle mette i piatti sulla tavola.
Minnie si guarda intorno)
Dove hai messo le mie rose rosse?

WOWKLE

彼女は貪るように舐める。
ビリーはパイプに火をつけ、それをウォークルに渡す。
彼女は一口吸って、もう一度彼に返す)
明日、教会歌う…
(小声で歌う)
《一本草のよう、太陽は…
(ウォークルは、この曲を知っていて、
満足したようにビリーの肩を併せ、彼と一緒に、
少し鼻にかかった声で身体を揺り動かしながら歌う)
… それは神が人間に与えてくださった。
野に冬が降りてくれば
人は衰弱し、やがて死んでゆく!》
結婚あと、真珠とウイスキー持つ!
(ポケットからハンカチを取り出し、それを折り畳み、
ウォークルに見せ、
彼女に愛想笑いをし、肘を擦り付けながら
揺りかごの中にそれを入れる)
ウーッグ…

ウォークル
(立ち上がりながら)
ウーッグ…
ご主人様!

(ミニーが扉の所に現れる。ランプを高く掲げながら入ってくる。
その光が、2人のインデアンの顔を照らし出す。
2人は離れ、混乱して遠ざかる。
ミニーは内心の感動を抑えることができない。
彼女は、この家をジョンソンのために、どのような効果をもたら
すか、まるでスパイのように部屋の中を見渡す。
彼女は第1幕で着ていた衣服の上に、赤いマントを纏っている。
彼女は出口の外側の木製の釘にランプをひっかける。
ウォークルはテーブルの炎を上げる)

ミニー
ビリー、決まったの?

ビリー
明日…

ミニー
いいわ。
帰っていいわよ。
(ビリーは出て行く。ウォークルに)
ウォークル、今晩夕食は二人分ね…

ウォークル
他に来る?　ウーッグ!… こんなこと最初。

ミニー
(衣服掛けにマントを掛ける)
黙りなさい、掃除して!
お前には関係ないことよ。
何時?　もう着くはず
もうすぐ、ここに…
何なのよ!
(彼女は引き出しの中に靴下を詰め込む。
ウォークルはテーブルに食器を用意する。
ミニーは回りを見渡す)
どこに私の赤いバラを置いたの?

ウォークル

− 32 −

(indicando il canterano, col solito grugnito)

Ugh...

MINNIE

(si trae dal petto la pistolae la ripone nel cassetto.
Prende le rose e se le appunta fra i capelli
guardandosi allo specchio)

Il bimbo come sta?

Billy davvero t'ha detto... ?

WOWKLE

Noi sposare.

MINNIE

(gettandole un nastro)

To', pel bimbo!

(Wowkle ripone il nastro,
continua ad apparecchiare.
Minnie ha levato dal cassetto
un paio di scarpette bianche)

Vorrei mettermi queste.

Le scarpette di Monterey...

(si siede in terra, scalzandosi rapidamente,
e incomincia a infilarsene una)

Purchè mi riesca

d'infilarle... Ahi! Son strette!

(La scarpetta, con grandesforzo è infilata.
Poi anche l'altra scarpetta è calzata.
Minnie si alza. Cammina un po' zoppicando)

Guardami: credi che gli piaceranno?

(va al canterano con aria contenta)

Voglio vestirmi tutta

come in giorno di festa,

tutta, da capo a piedi.

(si butta sulle spalle lo scialle
e si guarda nello specchio)

Non son poi tanto brutta...

(si versa dell'acqua di Colonia nel fazzoletto)

Anche il profumo... Vedi?

(si infila i guanti, stretti e troppo corti)

E i guanti... È più d'un anno

che non li metto!...

(guardandosi ancora,
impacciata e contenta,e volgendosi a Wowkle)

Dimmi, Wowkle, non gli farò l'effetto

d'essere poi troppo elegante?

WOWKLE

(che ha assistito in piedi,
immobile, alla toeletta della padrona)

Ugh...

(di fuori si bussa)

MINNIE

(ha un sussulto)

Wowkle, è già qui!

(si allaccia in fretta il corpetto,
si tira su le calze, va ad aprire.
Wowkle osserva di dietro alla cortina)

(いつもの呻き声で、戸棚を指差しながら)

ウーッグ…

ミニー

(懐からピストルを取り出し、引き出しの中に入れる。
薔薇を手にとって、鏡を見ながら、
何本かを髪に挿す)

赤ん坊は元気?

ビリーは本当に言ったの…?

ウォークル

私たち、結婚。

ミニー

(彼女にリボンを投げ)

ほら、赤ん坊のためよ!

(ウォークルは、リボンを受け取る。
テーブルの準備を続けている。
ミニーは引き出しから、
1足の白い夫人靴を取り出す)

これを履いてみたいの。

モントレーの靴…

(床に座って急いで靴を脱ぎ
片一方の靴を履き始める)

何とか入りさえすれば…

痛い! きついわ!

(片一方の靴を無理やり履く。
次にもう片一方の靴も、何とか履く。
ミニーは立ち上がる。すこしびっこをいたように歩く)

ねえ見て。あの人、気に入ると思う?

(満足した様子で戸棚の方に行く)

私、パーティの時のように

飾ってみたいの。

身体中、頭から足の先まで。

(肩からショールを掛け、
鏡でその姿を見る)

そんなに不美人でもないわ…

(ハンカチにオーデコロンを振りかける)

それに香水… どう?

(手袋をはめるが、きつく寸足らずである)

それに手袋… もう一年以上

はめてなかったわ!

(もう一度鏡を見る。気にいらなかったり満足したり
交互であるが、ウォークルの方を振り向きながら)

ねえ、ウォークル、余りにもお洒落かしら?

何か効果あるかしらね?

ウォークル

(不動の姿勢で立ったまま
ミニーの化粧台の前で)

ウーッグ…

(外で扉をたたく音)

ミニー

(彼女はどきっとする)

ウォークル、あの人もうやって来たわ!

(慌ててボディスの紐を結び
靴下をたくりあげ扉を開けに行く。
ウォークルはカーテン越しに様子を窺う)

JOHNSON
(compariste sulla porta con una lanterna in mano.
È in pelliccia)
"Hallo!"

MINNIE
(presso il letto,imbarazzata, vergognosa)
Buona sera!

JOHNSON
(osservandola)
Uscivate?

MINNIE
(estremamente confusa)
Sì... No... Non so. Entrate.

JOHNSON
(posa la lanterna sul tavolo)
Come siete graziosa!
(fa l'atto d'abbracciarla)

WOWKLE
Ugh!...
(chiude la porta. Minnie si ritrae, aggrottando le sopracciglie)

JOHNSON
(si volge, vede Wowkle)
(a Minnie)
Perdonate.
Non avevo osservato...

MINNIE
(con aria offesa),
Basta così, signore:
non aggiungete scuse.

JOHNSON
(continuando)
Mi siete apparsa così bella a un tratto...

MINNIE
(ancora un poco risentita, sedendosi alla tavola
dalla parte del focolare)
È un andare un po' troppo per le corte.

JOHNSON
(avvicinandosele)
Vi prego di scusare...

MINNIE
(seria)
Siete pentito?

JOHNSON
(scherzoso)
Affatto!...
(Minnie, che sta a capo chino,
lo guarda di sotto in su, incontra
il suo sguardo ed arrossisce.
Wowkle spegne la lanterna di Johnson
e la posa in terra. Si toglie dalle spalle
il bimbo e lo posa sull'armadio)

JOHNSON
(accennando alla propria pelliccia)

ジョンソン
(ランプを手にして、扉の所に現れる。
彼は毛皮を着ている)
やあ!

ミニー
(ベッドのそばで困惑し、恥ずかしそうに)
こんばんは!

ジョンソン
(彼女をよく見て)
出かけていたの?

ミニー
(極端に混乱して)
ええ… いいえ… わからないわ。入って。

ジョンソン
(扉のそばのテーブルの上に、ランプを置く)
とっても素敵だ。
(彼女を抱きしめようとする)

ウォークル
ウーッグ!…
(扉を閉める。ミニーは、眉をひそめながら後ずさりする)

ジョンソン
(振り向いて、ウォークルを見る)
(ミニーに)
失礼した。
気づかなかったもので…

ミニー
(攻撃的に)
もういいわ。
言い訳はもういいの。

ジョンソン
(続けながら)
あっという間に、こんなに美しくなって…

ミニー
(まだ少し憤慨した様子で、暖炉のそばの
テーブルに座りながら)
口説きが上手すぎますわ。

ジョンソン
(彼女に接近しながら)
許してほしい…

ミニー
(真面目に)
後悔している?

ジョンソン
(冗談めかして)
まさか!…
(ミニーはうなだれたまま、ジョンソンを、
下から上へと眺める。
彼と目が合うと、真っ赤になる。
ウォークルは、ジョンソンのランプの火を消すと、
それを床の上に置く。それから、背中におんぶしていた
赤ん坊を洋服箪笥に寝かせる)

ジョンソン
(着ている毛皮を指さしながら)

Mi tolgo?
(Minnie risponde con un gesto di consenso.
Egli si toglie la pelliccia,
la depone col cappello sulla sedia accanto alla porta)
Grazie.
(Si avvicina a Minnie, tendendole la mano:)
Amici?
(Minnie, vinta, sorride e gli stende la mano.
Poi rimane in atteggiamento pensoso)
Che pensate ?

MINNIE
Un pensiero ...
Questa notte alla "Polka" non veniste per me ...
Che vi condusse, allora? Forse è vero
che smarriste il sentiero
della Micheltorena?

JOHNSON
(tenta ancora d'abbracciarla,
come per sviare il discorso)
Minnie¹....

MINNIE
(scostandosi)
Wowkle, il caffè!

JOHNSON
(guardandosi attorno)
Che graziosa stanzetta!

MINNIE
Vi piace?

JOHNSON
È tutta piena
di voi... Che cosa strana
la vostra vita, su questa montagna
solitaria, lontana
dal mondo

MINNIE
(con gaiezza)
Oh, se sapeste
come il vivere è allegro!
Ho un piccolo polledro
che mi porta a galoppo
laggiù per la campagna;
per prati di giunchiglie,
di garofani ardenti,
per riviere profonde
cui profuman le sponde
gelsomini e vainiglie!
Poi ritorno a! mici pini,
ai monti della Sierra,
così al cielo vicini
che Iddio passando pare
la sua mano v'inclini,

脱いでもいいかな?
（ミニーはジェスチャーで返事する。
彼は毛皮のコートを脱ぎ
扉の傍らにある椅子に帽子と一緒に掛ける）
ありがとう。
（ミニー近づき彼女の手を取りながら）
友人だよね?
（ミニーは打ち負かされて微笑み、彼に手を差し出す。
それから物思いにふけったような態度でたたずむ）
何を考えているの?

ミニー
あることを…
今晩ポルカには、私に会いに来たんじゃない…
それなら、何があなたをあそこに?　きっと、
ミチェルトレーナのところへ行く道を間違ったのね、
そうなんでしょ?

ジョンソン
（テーブル越しに、話の内容を
逸れさせるために、彼女の手を掴もうとする）
ミニー!…

ミニー
（彼から離れながら）
ウォークル、コーヒー!

ジョンソン
（部屋の中を見ながら）
素敵な部屋だ!

ミニー
お気に召して?

ジョンソン
部屋中
君に満ちている… それにしても君の人生は
不思議だ。この山の中でたったひとり、
世の中と
かけ離れて!

ミニー
（快活に）
まあ、もしあなたが、生きるということが
どんなに楽しいか、ご存知だったら!
私は、小さなポニーを持っているの。
それが私を連れて行ってくれるの
あの草原に…
水仙の草原へ
燃えるようなカーネーションの草原に
生気を取り戻すために
岸辺には
ジャスミンやバニラが香っているの!
それから、なつかしい松の木々
シエラの山々に戻って、
そこは大空がとても近くにあって
神様がお通りになる時、手を差し伸べて
下さるのではないかと思われるほど。

- 35 -

lontani dalla terra
così, che vien la voglia
di battere alla soglia
del Cielo, per entrare

JOHNSON
(attento, sorpresoe interessato)
E quando infurian le tormente?

MINNIE
Oh, allora
sono occupata.
È aperta l'Accademia...

JOHNSON
L'Accademia ?

MINNIE
(ridendo)
È la scuola dei minatori.

JOHNSON
E la maestra?

MINNIE
Io stessa.
(Johnson la guarda ammirato.
Minnie offrendogli il dolce)
Del biscotto alla crema?

JOHNSON
(servendosi)
Grazie...
Vi piace leggere?

MINNIE
Molto.

JOHNSON
Vi manderò dei libri.

MINNIE
Oh, grazie, grazie!
Delle storie d'amore?

JOHNSON
Se volete. Vi piacciono?

MINNIE
(appassionatamente)
Tanto! Per me l'amore
è una cosa infinita!
Non potrò mai capire
come si possa, amando una persona
desiderarla per un'ora sola.

JOHNSON
Credo che abbiate torto.
Vi sono delle donne
che si vorrebber nella nostra vita
per quell'ora soltanto... E poi morire!

MINNIE
(scherzosa, piegandosi su lui)

こんなに地上から離れて、
天の扉を叩いて
その中に入ってしまいたい
そんな気にさせてくれるところ。

ジョンソン
(真剣に聞いていて驚くが、興味も持つ)
でも、吹雪が荒れ狂うときは？

ミニー
その頃は
忙しいのよ。
アカデミーが開講されているので…

ジョンソン
アカデミー？

ミニー
(笑いながら)
鉱夫たちの学校のことよ。

ジョンソン
先生は?

ミニー
私よ。
(ジョンソンは彼女を惚れ惚れと見詰める。
ミニーは彼に甘いものを勧めながら)
クリーム付きのビスケットはいかが？

ジョンソン
(サーヴィスしながら)
ありがとう…
読書がすきなんだ…

ミニー
とっても。

ジョンソン
君にたくさん本を送るよ。

ミニー
ありがとう、本当に!
恋愛小説?

ジョンソン
お望みなら。好きなのかい？

ミニー
(情熱的に)
とっても! 私にとって
愛は永遠のものなの!
ある人を愛しているのに
それがほんのひと時しか望めないなんて
私には理解出来ないの。

ジョンソン
それは間違っていると思うよ。
世の中には、
ひと時のためにだけ愛を求めて…
それで死んでもいいと思っている女性もいるさ。

ミニー
(冗談めかして、彼に寄りかかりながら)

Davvero? E... quante volte siete morto?
(offrendogli un sigaro)
Uno dei nostri avana?
(a Wowkle)
La candela!
(Wowkle accende la candela e la porta a Johnson che accende il sigaro, poi Johnson va verso l'uscita, ritornando poi verso Minnie cercando di abbracciarla)
(sfuggendogli)
Ah, le mie rose! Me le sciuperete!

JOHNSON
Perchè non le togliete?
(cercando di cingere Minnie)
Un bacio, un bacio solo!

MINNIE
(sciogliendosi con dolce violenza)
Signor Johnson, si chiede
spesso la mano... per avere il braccio!

JOHNSON
Il labbro nega... quando il cuor concede!

MINNIE
(a poco a poco affascinata, si toglie le rose, le ripone nel cassetto coi guanti)
Wowkle, tu a casa!
(Wowkle borbottando prende il bimbo dall'armadio, se lo mette sul dorso, e si avvolge nella coperta avviandosi alla porta)

JOHNSON
Anch'io?...

MINNIE
(graziosa)
Voi... potete restare
un'ora... o due, ancora.
(Johnson ha un piccolo grido di gioia. Wowkle apre la porta)

本当？ それで… あなたは何度死んだわけ？
（彼に葉巻を勧めながら）
ハバナはいかが？
（ウォークルに）
ローソクを持って来て!
（ウォークルは、ジョンソンにローソクを持っていく。
彼は、それで葉巻に火をつけ、出口の方に向かう。
戻りながらミニーに近づき、彼女を抱擁しようとする）
（彼から逃れながら）
まあ、私のバラ! 台なしになってしまうわ!

ジョンソン
どうして取らないんだ?
（ミニーを抱きしめようとしながら）
キスを、キスだけでも!

ミニー
（優しく抵抗しながら、彼から離れ）
ジョンソンさん、この手が
勝手に動くのね… 腕を捕まえるために!

ジョンソン
唇だけが拒んでいる… 心は望んでいるのに!

ミニー
（次第次に魅惑され、彼女はバラを取り除き、
それらを引き出しの中に、手袋と一緒に収める）
ウォークル、お前は家に戻っていいよ。
（ウォークルは、ぶつぶつ言いながら赤ん坊を箪笥から
取り上げ毛布に包みこみ扉に向かう）

ジョンソン
僕も?

ミニー
（優しく）
あなたは… 1時間でも…
2時間でも、ずっといていいのよ。
（ジョンソンは、喜びの小さな声を上げる。
ウォークルは、扉を開く）

WOWKLE

Ugh... Neve!

(Il vento turbina e fischia).

MINNIE

(nervosa)

Va! Riposati sul fieno.

(Wowkle esce con un ultimo brontolìo,
chiudendo dietro a sè la porta)

JOHNSON

(a Minnie tendendole le braccia)

Un bacio. un bacio almeno!

MINNIE

(si gettanelle sue braccia)

Eccolo! È tuo!...

(S'apre la porta, che sbatte violentemente a più riprese;
tutto si agita al vento che entra furioso
e raffiche di neve penetrano nella stanza.
Minnie e Johnson abbracciandosi si baciano con grande emozione,
dimentichi di tutto e di tutti.
La porta si chiude da sè ; cessa il tumulto,
tutto ritornando alla calma;
dal di fuori si odono ancora raffiche di vento)

JOHNSON

(con grande emozione)

Minnie... Che dolce nome!

MINNIE

Ti piace

JOHNSON

Tanto! T'amo
da che t'ho vista...

(Ha un improvviso movimento
come di raccapriccio, e si discosta da Minnie,
come facendoforza a sè stesso)

Ah, no, non mi guardare,
non m'ascoltare! Minnie, è un sogno vano!

MINNIE

(non comprendendo,con voce umile)

Perchè questa parola?
Lo so, sono una povera figliuola...
Ma quando t'ho incontrato io mi son detta:
Egli è perfetto; egli m'insegnerà.
Se mi vorrà, m'avrà.

JOHNSON

(con subita risoluzione)

Sii benedetta! Addio!

(bacia Minnie sulla bocca,
afferra cappello e pelliccia
ed apre nervosamente la porta.
Il vento investe ancora la stanza,ma con minor violenza)

Nevica!

(Chiude la porta. Ritorna la calma)

MINNIE

(corre alla finestra,trascinandoci Johnson.
Con gioia:)

ウォークル

ウーッグ… 雪!

(風が吹き荒れ、ピューッと鳴る)

ミニー

(神経質に)

行きなさい! 干草の上で休むのよ!

(ウォークルは何か不満そうにぶつぶつ言って
扉を後ろ手に閉める)

ジョンソン

(ミニーに両腕を差し出しながら)

キスを、せめてキスを!

ミニー

(彼の腕の中に、身を投げ出す)

さあ御自由に! あなたのものよ!

(扉が何度も激しく繰り返し開閉する。
吹雪が荒れ狂い、
雪が部屋の中に舞い込んでくる
ミニーとジョンソンは、抱擁しながら感動して、
すべての事、そして全ての人々の事を忘れ、キスする。
扉は勝手に閉まっている。騒々しさは収まり、
何もかも、もとの落ち着きに戻っている。
外では相変わらず、一陣の風の音が聞こえている)

ジョンソン

(とても感動して)

ミニー… 何て優しい名前なんだ!

ミニー

気に入って?

ジョンソン

とても! 君を愛している
君に初めて会った時から…

(彼は、突然恐怖心に捕らえられたかのように
ミニーから離れる。
自分自身に言い聞かせるように)

俺を見ないでくれ、話も聞かないでくれ!
ミニー、これは空しい夢なんだ!

ミニー

(理解できず、慎ましい声で)

どうしてそんなことを?
私が何の取り柄もない女だって事は解ってる…
でも、あなたに会った時、私は自分自身に言ったわ。
この人は完璧だわ。彼なら私を導いてくれる。
もし私を望めば、私はあの人のもの、と。

ジョンソン

(決意して)

君が祝福されるように! さようなら!

(ミニーにキスをして、
帽子と毛皮のコートを取ると
苛立ったように扉を開ける。
風が部屋の中に入ってくるが、先程ほどの勢いはない)

雪だ!

(扉を閉める。平静が戻ってくる)

ミニー

(ジョンソンの手を取りながら、窓の方に駆け寄る。
喜々として)

La Fanciulla del West di G.Puccini

Oh, guarda! Il monte
è tutto bianco : non v' è più sentiero.
Non puoi andartene più.

JOHNSON
(agitatissimo)
Debbo!

MINNIE
Perchè? Domani
t'apriranno la via!
E il destino! Rimani!
(Colpi di pistola,dal di fuori, rapidi)

JOHNSON
Ascolta!

MINNIE
Ascolta!
Forse è un bandito
che han preso al laccio... Forse
è Ramerrez! Un ladro! A noi che importa?

JOHNSON
(trasalendo, cupamente)
È vero: a noi che importa?...
(si slancia ancora verso l'uscita)

MINNIE
Resta! È il destino!

JOHNSON
Resto!
Ma, per l'anima mia,
io non ti lascio più!
Mi stringo a te, confuso
cuore a cuor, sol con te!...

JOHNSON e MINNIE
Dolce viver così, così morire,
e non lasciarci, non lasciarci più!

JOHNSON
Col bacio tuo fa puro il labbro mio!

MINNIE
Fammi, o mio dolce amor, degna di te!...

JOHNSON
(con ardore intenso, incalzando)
O Minnie, sai tu dirmi
che sia questa soffrire?...
Non reggo più!... Ti voglio
per me!

JOHNSON e MINNIE
Eternamente!
*(Minnie, nella elevazione dell'amore,
era rimasta come assorta;
Johnson, in un supremo languore di desiderio,
la invoca, l'allaccia a sè)*

JOHNSON

ねえ、見て! 山が
真っ白よ。もう帰る道は消えているわね。
あなた、もう戻れないわよね。

ジョンソン
(非常に興奮して)
行かなければ!

ミニー
どうして? 明日になれば
道も開かれているわ!
それが運命なのよ! 残って頂戴!
(舞台裏で、短時間に、数発の銃声が聞こえる)

ジョンソン
聞いたか!

ミニー
聞こえた?
盗賊に違いないわ。
捕まったかもしれないわね… きっと
ラメレスよ! 盗賊! でも私達には関係ないわ!

ジョンソン
(黙って身震いをしながら)
その通りだ。俺達に、何の関係がある?
(さらに出口の方に立ち向かう)

ミニー
残って! 運命なのよ!

ジョンソン
残ろう!
誓ってもいい
君をひとりにはしない!
君を抱きしめると、心と心が
溶け合うようだ、ただ君だけと!…

ジョンソンとミニー
こうして生き、死んで行く事の何と甘美なこと、
もう決して離れない、決して!

ジョンソン
君のキスは、この唇を清くさせる!

ミニー
私の愛する人、あなたにふさわしい女にして!…

ジョンソン
(激しい欲望を抑えきれずに)
ミニー、君になら答えられるはずだ
この苦しみが一体何なのかを?…
もう耐えられない!… 君が欲しい
僕には君が必要だ!

ジョンソンとミニー
永遠に!
*(ミニーは愛の高まりの中で
何か考え込んでいるようである。
ジョンソンは欲望の憔悴の極みの中で
彼女を求め、自分の方に引き寄せる)*

ジョンソン

- 39 -

Minnie! Minnie!

MINNIE
(riscotendosi, senza ripulsa, dolcissima)
Sognavo...
Si stava tanto bene!...
Ora conviene
darci la buona notte...
(Johnson scuote il capo triste; si domina;
Minnie gli accenna il letto)

MINNIE
Ecco il tuo letto...
(trae presso il focolare la pelle d'orso;
cerca ..ella guardaroba una coperta e un cuscino)
Io presso il focolare...

JOHNSON
(opponendosi)
Ah, no! Non vorrò mai!...

MINNIE
(dolcissima)
Ci sono avvezza, sai?
Quasi ogni notte,
quando fa troppo freddo, mi rannicchio
in quella pelle d'orso e m'addormento...
(Minnie posa la candela sul focolare;
va dietro la guardaroba:
si sveste, rimanendo con la lunga camicia bianca,
ricoperta da un ampio accappatoio di colore vivace;
Johnson ha gettato sul letto il suo mantello e il cappello.
Minnie riappare; guarda a Johnson;
rialza un poco la fiamma del lume di mezzo)

MINNIE
Ora mi puoi parlare,
là, dalla tua cuccetta...

JOHNSON
Benedetta!
(Minnie aggiusta i cuscini: calza le pianelle indiane:
s'inginocchia a pregare;
si ravvolge in una coperta
e si corica. Vento e urli di fuori:
Johnson fa per gettarsi sul letto;
poi si avvicina all'uscio, origliando:
parlano a bassa voce)
Che sarà?

MINNIE
Son folate di nevischio...

JOHNSON
Sembra gente che chiami...
(ritorna al lettuccio e vi si getta sopra)

MINNIE
È il vento dentro i rami...
(sorgendo un poco)
Dimmi il tuo nome...

JOHNSON

ミニー! ミニー!

ミニー
(ふと我に帰るが、拒絶することなく優しく)
ずっと夢を見ていたわ…
とても素晴らしかったわ!…
さあ、もう
お休みにした方がいいわね…
(ジョンソンは、悲しそうに頭を振る。自分の感情を抑える。
ミニーは、彼にベットを指差す)

ミニー
これがあなたのベットよ…
(ミニーは熊の毛皮を暖炉のそばに引き寄せ
探し始める… シーツや枕を)
私は暖炉のそば…

ジョンソン
(反対しながら)
駄目だよ! そんなこと望ましくない!…

ミニー
(とても優しく)
慣れてるのよ、わかる?
ほとんど毎晩
余りにも寒い時には、
あの熊の毛皮の中にうずくまって、眠るのよ…
(ミニーはランプを暖炉の上に置く。
衣装箪笥の後ろに行って、
着替え始め、長い白いシャツを着てそこに留まる。
生き生きとした色彩の、たっぷりとしたガウンを着る。
ジョンソンは、ベットの上に、ジャケットと帽子を投げ出している。
ミニーが再び現れジョンソンを見る。
舞台中央のランプの焔の勢いが少し増す)

ミニー
さあ、私に話して聞かせて
そこからよ、あなたのベッドから…

ジョンソン
祝福された人!
(ミニーは枕を整え、インデアンスリッパを履く。
それからひざまずいて祈る。
毛布にすっぽり包まって、眠りにつく。
風の音と、叫び声が外でする。
ジョンソンは、ベッドから飛び起きる。
出口に近づき、そっと耳をたてて
2人は低い声で話しはじめる)
なんだろう?

ミニー
吹雪の突風じゃないの?

ジョンソン
人が呼んでいるように思えたが…
(ベッドに戻り、その上に横になる)

ミニー
枝を鳴らす風の音よ…
(少し起き上がって)
あなたを何て呼べばいいの…

ジョンソン

Dick...

MINNIE
(con sentimento)
Per sempre, Dick!

JOHNSON
Per sempre!

MINNIE
Non conoscesti mai
Nina Micheltorena?

JOHNSON
... Mai.

MINNIE
Buona notte!

JOHNSON
Buona notte!

NICK
(di fuori, bussando alla porta)
"Hallo!"
(Minnie ascolta; Johnson apre le cortine del letto
e si mette in tasca le pistole)

MINNIE
Chiamano...

NICK
(c. s.)
"Hallo!"
(Durante tutta la scena il vento ora cresce,
ora si queta, a folate. Minnie si alza, butta i cuscini
nella guardaroba; si appressa all'uscio)

MINNIE
Ascolta! Chi sarà?

JOHNSON
(a bassa voce)
Non rispondere!
(avanzandosi, impugnando le pistole)
Taci!

MINNIE
(sottovoce)
Sst... Non farti sentire.
È geloso, Jack Rance...

NICK
(forte)
Hanno veduto
Ramerrez sul sentiero...

MINNIE
Vengono a darmi aiuto!
(Spinge Johnson, riluttante, a nascondersi dietro le cortine del letto;
Johnson sale sul giaciglio, in piedi, colle pistole in mano.
Minnie apre:
entrano Rance, Nick, Ashby, Sonora:
Rance ha i calzoni dentro gli stivali alti e un elegante mantello;
Sonora ha il cappotto di bufalo;
Ashby il vestito del primo atto; Nick dei pezzi di coperta ravvolti

ディック…

ミニー
(友情の念に燃えて)
いつまでも、ディック!

ジョンソン
いつまでも!

ミニー
あなた、まったく知らなかったの、
ニーナ・ミチェルトレーナのこと?

ジョンソン
…知らない。

ミニー
おやすみなさい!

ジョンソン
おやすみ!

ニック
(外で扉を叩きながら)
おーい!
(ミニーは声を聞く。ジョンソンはベットのカーテンを開け、
懐にピストルを入れる)

ミニー
誰か呼んでるわ…

ニック
(同じように)
おーい!
(この場面の間、風は激しくなったり、穏やかになったり、
また突風となったりする。ミニーは起き上がり、
枕を衣装箪笥の中に投げ込み、出口に向かう)

ミニー
聞こえる？　誰かしら？

ジョンソン
(低い声で)
答えるな!
(ピストルを握りながら、進み出る)
黙って!

ミニー
(小声で)
シーッ… 聞かれるとまずいわ。
ジャック・ランスは嫉妬深いの…

ニック
(強く)
道でラメレスを
見かけたらしい…

ミニー
みんな、私を助けに来てくれたのね!
(気の進まないジョンソンを、ベッドのカーテンの後ろに隠そうとする。
ジョンソンは、ピストルを手にして、爪先だって敷き藁の上に乗る。
ミニーが扉を開けると、
ランス、ニック、アシュビー、ソノーラがはいってくる。
ランスは、長ズボンにブーツを履き、優雅なマントを身につけている。
ソノーラは、バッファローの外套、
アシュビーは、第1幕の衣装の上に、上着を着ている。

La Fanciulla del West di G.Puccini

intorno alle gambe;
Nick ed Ashby portano la lanterna.
Sono coperti di neve;
Rance col fazzoletto si pulisce la scarpe; va verso la tavola;
Nick e Ashby lo seguono; Sonora è presso il focolare)

SONORA
Sei salva!... Io tremo tutto.

NICK
Abbiam passato un brutto
quarto d'ora!...

MINNIE
(curiosa)
Perchè ?

RANCE
Temevamo per te...

MINNIE
(curiosa)
Per me ?

ASHBY
Quel vostro Johnson...

NICK
Lo straniero...

RANCE
(con gioia velenosa)
Il tuo damo alla danza...
era Ramerrez!

MINNIE
(colpita, stordita)
Che dite ?!...

RANCE
(scandendo bene le parole)
Abbiamo detto
che il tuo perfetto
Johnson di Sacramento
è un bandito da strada.

MINNIE
(con angoscia crescente, ribellandosi)
Ah! Non è vero! Io so
che non è vero!

RANCE
(sogghignando)
Bada
di non fidarti troppo un'altra volta!

MINNIE
(scattando)
Non è vero! Mentite!

ASHBY
Questa notte alla "Polka"
è venuto a rubare...

MINNIE
Ma non rubò!

ニックは、足の周りをパッチワークで覆っている。
ニックとアシュビーは、ランプを手にしている。
みんな雪を被っている。
ランスはハンカチで靴を拭き、テーブルの方に向かう。
ニックとアシュビーはそれに従う。ソノーラは、暖炉のそばにいる)

ソノーラ
助かったね!… 俺はずっと心配だった。

ニック
本当にひどい
15分間だったよ!…

ミニー
(興味深そうに)
どうして?

ランス
俺達、あんたのこと心配してたんだ…

ミニー
(興味深そうに)
私のこと?

アシュビー
あの、あんたのジョンソン…

ニック
よそ者の…

ランス
(毒ある喜びを持って)
あんたのダンスのお相手が…
ラメレスだった!

ミニー
(ショックで動揺し)
何て言ったの?!…

ランス
(はっきりと、言葉を区切りながら)
俺達が言ったのは
あんたのあの完璧な
サクラメントのジョンソンが
追い剥ぎだと言ったんだ。

ミニー
(不安が増して、反抗しながら)
ああ! そんなの嘘よ! 私には解るの
それが嘘だってことが!

ランス
(あざ笑いながら)
気をつけたほうがいい
今度から、人を信じ過ぎないようにな!

ミニー
(勢いよく)
そうじゃないわ! 嘘をついているのね!

アシュビー
今晩ポルカに
盗みにやってきたんだ…

ミニー
でも何も盗まなかった!

SONORA
(riflettendo)
Non ha rubato, è vero...
Pure, avrebbe potuto!...

RANCE
Ha detto Nick che Sid l'ha veduto
prender questo sentiero.
È vero, Nick?

NICK
È vero...
(Minnie lo fissa, egli si turba)

RANCE
Qui finisce la traccia.
Tu non l'hai visto...
(guarda Minnie fissamente)
Dov'è dunque andato?
(Nick, girando su e giù, ha scoperto in terra
il sigaro di Johnson, caduto dal tavolo.
Passa daccanto a Minnie:
Minnie lo affisa, con intenzione)

NICK
(piano)
Uno dei nostri avana!
È qui!...
(correggendosi)
Forse ho sbagliato...
Quel Sid è una linguaccia!

MINNIE
(alteramente)
Ma chi vi ha detto, insomma,
che il bandito sia Johnson ?

RANCE
(guardandola)
La sua donna.

MINNIE
(scattando)
La sua donna? Chi?

RANCE
(sogghignando)
Nina.

MINNIE
Nina Micheltorena?
Lo conosce?

RANCE
(ironico)
È l'amante.
Quando capimmo d'essere giocati,
traemmo dietro Castro prigioniero,
e prendemmo il sentiero
verso le "Palme". Eravamo aspettati.
Nina era là. Ci ha fatto
vedere il suo ritratto...

ソノーラ
(繰り返しながら)
何も盗まなかった、それはそうだ…
しかし、盗める可能性はあった!…

ランス
ニックの話によると、シッドが見たそうだ、
あいつが、この道をやって来るのを。
そうだな、ニック?

ニック
そうです…
(ミニーが彼を見詰める。彼は戸惑う)

ランス
足跡がここで消えている。
あんた彼を見なかったかい…
(ミニーをしっかり見詰める)
それじゃ、どこに行ったんだろうね?
(ニックは、部屋の全体に目を凝らし、テーブルから落ちた
ジョンソンの葉巻が床に落ちていることを発見する。
ミニーのそばを横切ると、彼女は
意味ありげにランスを凝視する)

ニック
(小声で)
［例のハバナの1本だ!
奴はここにいるぞ!］
(自分の発言を訂正しながら)
きっと、俺が間違っていたんだ…
シッドの話は出鱈目が多いからな!

ミニー
(堂々と)
でも、誰が言ったの、
ジョンソンが盗賊だって?

ランス
(彼女を見詰めながら)
あいつの女がさ。

ミニー
(飛び上がらんばかりに)
彼の女ですって? 誰が?

ランス
(冷笑しながら)
ニーナさ。

ミニー
ニーナ・ミチェルトレーナ?
彼女があの人を知っているの?

ランス
(皮肉めいて)
情婦だ。
俺達が騙されたことが解って
捕まえておいたカストロを引き戻し
「パルメ」への道を取った。
俺達は、待ち伏せされていたってわけだ。
ニーナはそこにいた。俺達は彼女に
奴の写真を見せた…

– 43 –

(si trae di petto la fotografia)
A te!

MINNIE
(guarda il ritratto, profondamente commossa,
poi lo restituisce con una piccola risata
che vuol sembrare indifferente)
Ah! Ah!...

RANCE
Di che ridi?

MINNIE
Oh, di nulla...
(con grande ironia)
La compagnia gentile
ch'egli si è scelto! Nina!

SONORA
Impara!

MINNIE
Ora, ragazzi,
è tardi... Buona notte.

SONORA
(cavalleresco)
Ti lasciamo
dormire.

MINNIE
Grazie. Ora son calma.

ASHBY
Andiamo.
(si avviano: Nick ultimo)

NICK
(a Minnie, mostrando che ha capito)
Se lo volete... io resto.

MINNIE
No. Buona notte.
(Escono: ella richiude;
rimane immobile presso la porta.
A Johnson, con freddo disprezzo:)
Fuori! Vieni fuori!
(Johnson appare tra le cortine, vinto, disfatto)
Sei venuto a rubare...

JOHNSON
No...

MINNIE
Mentisci!

JOHNSON
No!

MINNIE
Si!

JOHNSON
Tutto m'accusa... Ma...

MINNIE

(胸から、彼の肖像写真を取り出す)
これだよ!

ミニー
(その肖像写真を、本当に感心して見る。
それから、まったく無関心を装っている風を
理解させるために笑いながら彼に返す)
アッハッハ!…

ランス
何がおかしいんだ?

ミニー
いえ、何でもないわ…
(皮肉たっぷりに)
あの人は、素敵な
お相手を選んだわね! ニーナさんか!

ソノーラ
勉強になっただろう!

ミニー
さあ、みなさん、
もう遅いわ… おやすみなさい。

ソノーラ
(騎士のように)
あなたを
休ませてあげよう。

ミニー
ありがとう。私、もう落ち着いたわ。

アシュビー
さあ、行こう。
(ニックを最後に、皆出て行く)

ニック
(ミニーに自分は解っていることを示そうと)
もしあんたが望むなら… 俺は残るよ。

ミニー
いいえ。おやすみなさい。
(皆出て行く。彼女は扉を閉めるが、
扉のそばで不動の姿勢で留まる。
ジョンソンに心底軽蔑したように)
出て来て! 出て来るのよ!
(打ち負かされやつれたジョンソンがカーテンの所に現れる)
あんた、盗みに来たんだって…

ジョンソン
違う…

ミニー
嘘でしょ!

ジョンソン
嘘じゃない!

ミニー
嘘よ!

ジョンソン
何もかも俺にとって不利だ… しかし…

ミニー

Finisci!
Dimmi perchè sei qui,
se non è per rubare?

JOHNSON
(deciso, avvicinandosi a Minnie)

... Ma quando io v'ho veduta...

MINNIE
(sempre aspra, trattenendolo con gesto secco)

Adagio, adagio!... Non muovere un passo...
o chiamo aiuto! Un bandito! un bandito!...
(con sorda ironia)

Son fortunata! Un bandito! un bandito!
Puoi andartene! Va!...
(Sta per piangere.
La sua fierezza la trattiene)

JOHNSON
(prorompendo)

Una parola sola!
Non mi difenderò: sono un dannato!
Lo so, lo so! Ma non vi avrei rubato!
Sono Ramerrez: nacqui vagabondo
era ladro il mio nome
da quando venni al mondo.
Ma fino a che fu vivo
mio padre, io non sapevo.
Quando, or sono sei mesi
egli morì, soltanto allora appresi!
Sola ricchezza mia, mio solo pane
per la madre e i fratelli, alla dimane,
l'eredità paterna: una masnada
di banditi da strada! L'accettai.
Era quello il destino mio!
...Ma un giorno
v'ho incontrata... Ho sognato
d'andarmene con voi tanto lontano,
per redimermi tutto in una vita
di lavoro e d'amore... E il labbro mio
mormorò una preghiera ardente: Oh Dio!
ch'ella non sappia mai la mia vergogna!
Il sogno è stato vano!
Ora ho finito... Addio!

MINNIE
(commossa, senza asprezza)

Che voi siate un bandito...
ve lo perdoni Iddio.
(con grande amarezza)

Ma il primo bacio mio vi siete preso,
chè vi credevo mio,
soltanto mio!...
Andate, andate! Addio!...
V'uccideranno... Che m'importa?...
(dice queste parole macchinalmente,

もうやめて!
どうしてあんたがここにいるのか言って、
もし盗みに来たんじゃないのなら?

ジョンソン
(決意して、ミニーに近づきながら)

…でも君を見た時…

ミニー
(素っ気ない態度で、彼を制止しながら)

待って、ゆっくりと!… 一歩も動かないで…
でないと、助けを呼ぶわよ! 盗賊ね! 盗賊!…
(陰湿な皮肉で)

私って幸運ね! 強盗! 強盗!
立ち去っていいわ! 行ってよ!
(泣き出そうとする。
彼女の冷たさがジョンソンの心を捕える)

ジョンソン
(何かが込み上げて来て)

ひと言だけ聞いてくれ!
弁解はしない。俺は、邪まな人間だ!
解っている、解っている! しかし盗みはしなかった!
俺はラメレスだ。流浪のうちに生まれた。
俺の名前は、俺がこの世に生まれてくる前から
盗賊だった。
だが、父親が生きている間は
そんなこと、俺は知らなかった。
6ヶ月前に父親が死んだとき
俺は初めてそのことを知った。
俺の唯一の財産、そして母親や兄弟を支える
唯一の糧は、
親爺の残した財産だった。それが
盗賊、追い剥ぎだったんだ! 俺はそれを譲り受けた。
そいつが俺の運命だったんだ!
… だがある日
君に出会った… そして俺は夢見た…
君と一緒に、遠い所に去ってしまうことを。
そして、労働と愛によって
全てを贖うことを… 俺の唇は
熱い祈りをつぶやいていた。ああ、神よ!
彼女が私の恥辱を知ることがありませんように!
その夢も、はかないものだった!
これだけだ… 永遠にさようなら!

ミニー
(とげとげしさもなく、感動して)

たとえ、あなたが盗賊だとしても…
神があなたをお許しくださいますように。
(大きな悲しみに満ちて)

でも、私の最初のキスを受けたのは、あなたよ、
だって、あなたは私の、
私だけの人と信じていたから!
行って頂戴、お願い! さようなら!…
あなたをみんなが殺してしまうわ… でも関係ない!…
(機械的にこの言葉を言ってから、挫折し、

La Fanciulla del West di G.Puccini

disfatta, cercando di farsi forza)

JOHNSON
(disperato, deciso, senz'armi, apre la porta,
pronto al sacrificio, come a un suicidio,
ed esce precipitosamente)

Addio!

MINNIE
(rasciugandosi le lagrime)

È finita... Finita!
(Un colpo d'arma da fuoco, vicinissimo. Essa trasalisce)

L'han ferito...
(con uno sforzo supremo su sè stessa)

Che importa?
(Si sente di fuori il rumore di un corpo
che cade rovescio contro la porta.
Minnie non resiste più, apre.
Johnson si è rialzato, barcolla, sta per cadere ancora.
Minnie lo sorregge, cerca di tirarlo dentro e di chiudere.
Johnson è ferito al fianco;
pallidissimo si preme la ferita con un fazzoletto)

JOHNSON
(con voce soffocata, resistendole)

Non chiudete la porta...
Debbo uscire...

MINNIE
Entra!...

JOHNSON
No...

MINNIE
Entra!...

JOHNSON
No, non chiudete!...
Voglio uscire!...

MINNIE
(trascinandolo, disperata)

Sta qui...
Sei ferito... Nasconditi!
(chiude la porta)

JOHNSON
Aprite... Voglio uscire!

MINNIE
(vinta, perduta)

No, resta! T'amo! Resta!
Sei l'uomo che baciai la prima volta...
Non puoi morirc!
(Con fatica sorreggendo ancora Johnson,
ha appoggiata la scala al solaio e lo sospinge a salire)

Sali su... Presto!... T'amo!
(Rance bussa alla porta.
Johnson sospinto da Minnie
ha già salito i primi scalini)

Salvati... Poi verrai con me... lontano!

JOHNSON

自分に力を与えようとしながら)

ジョンソン
(絶望的に決意をして、武器も持たずに
扉を開ける。自殺する準備が出来ているように
そして急いで出て行く)

さようなら!

ミニー
(涙を拭いながら)

おしまいね… おしまいね!
(非常に近いところで、ピストルの音がする。彼女は身震いする)

彼等が撃ったんだわ…
(信じられないほどの力を自分に課して)

それがどうだって言うの?
(外で扉にぶちあたり
倒れ込む激しい物音が聞こえる。
ミニーはこれ以上耐えきれず扉を開く。
ジョンソンは再び立ち上がるがよろめき、倒れ込む寸前である。
ミニーは彼を引き寄せ、力を貸しながら、中に入れ扉を閉める。
ジョンソンは脇腹を負傷している。
顔面蒼白で傷口をハンカチで押さえる)

ジョンソン
(息を詰まらせた声で、反抗しながら)

扉を閉めないで…
俺は出て行かなければ…

ミニー
入って…

ジョンソン
だめだ…

ミニー
入って!…

ジョンソン
だめだ、扉を閉めてはいけない!
俺は出て行きたいんだ!…

ミニー
(彼を引きずり込みながら、絶望的に)

ここにいて…
あなたは怪我しているのよ… 隠れるのよ!
(扉を閉める)

ジョンソン
開けてくれ… 俺は出たいんだ!

ミニー
(打ち負かされ、自分を見失って)

駄目、ここにいて! あなたを愛してる! いて頂戴!
あなたは、私が初めてキスした男性なのよ…
死んではいけないのよ!
(必死に再びジョンソンを支えながら
屋根裏部屋に梯子を懸け、彼を上るように後押しする)

登って、さあ… 急いで! 愛しているわ!
(ランスが扉を叩く。
ジョンソンは、ミニーに後押しされて、
すでに数段階段を登っている)

助かって… そして私と行くのよ… 遠くに!

ジョンソン

(quasi mancando)
Non posso più...

MINNIE
(aiutandolo ancora)
Così... Lo puoi, lo devi...
Su, su!... Coraggio... T'amo!
*(Johnson è già sul solaio, Minnie discende,
leva in fretta la scala e poi corre ad aprire.
Rance entra cautamente colla pistola spianata,
esplorando ogni angolo)*

MINNIE
Che c'è di nuovo, Jack?

RANCE
(volgendosi, severo, imperioso)
Non sono Jack... Son lo Sceriffo, a caccia
del tuo Johnson d'inferno.
N'ho seguito la traccia.
Dev'esser qui. Dové?

MINNIE
(aspramente)
Ah, mi avete seccato
con questo vostro Ramerrez!

RANCE
(spianando la pistola verso il letto e avanzando)
È là!
Non c'è...
(impazientito)
Ma l'ho ferito,
perdio, ne sono certo!
Non può esser fuggito!
Non. può esser che, qua.

MINNIE
(sempre più aspra)
E cercatelo, dunque! Rovistate
dove vi pare... E poi
levatevi dai piedi
una volta per sempre!

RANCE
(con un sussulto, abbassando la pistola)
Mi giuri che non c'è?

MINNIE
(beffarda)
Perchè non seguitate
a cercarlo?

RANCE
*(si guarda attorno, guarda Minnie,
poi con un moto d'ira rattenuto)*
E sarà! L'avrò sbagliato...
(volgendosi a Minnie con impeto improvviso)
Ma dimmi che non l'ami!...

MINNIE
(sprezzante)
Siete pazzo!

(ほとんど気を失い)
もう駄目だ…

ミニー
(もう一度彼を助けながら)
こうよ… 出来るわ、しなきゃならないのよ…
さあ、登って!… 頑張って… 愛しているわ!
*(ジョンソンは、屋根裏部屋にたどり着いている。ミニーは、
降りて来て、急いで階段を取りはずし、走って扉を開けに行く。
ランスは、用心深くピストルを構えて、部屋の隅々に
注意を払って入ってくる)*

ミニー
ジャック、また変わったことがあったの?

ランス
(振り向き、厳格にしかも横柄に)
俺はジャックではない… 保安官だ、
あんたの極め付けの悪党、
ジョンソンを追っている。奴の後を尾行してきた。
ここにいるに違いない。どこだ?

ミニー
(つっけんどんに)
あなたのそのラメレスで
私をうんざりさせる気なのね!

ランス
(ベッドにピストルを構えながら進み)
あそこだな!
いない…
(我慢できず)
奴を撃ったんだ
それは確かだ!
逃げられるはずがない!
ここにいるのは間違いない!

ミニー
(益々つっけんどんに)
それじゃ、探せば! どこでも
お好きなように探して… でも、それからは
永遠に足を
踏み入れないでよ!

ランス
(どきっとしてピストルを降ろす)
ここに奴がいないことを誓うな?

ミニー
(嘲るように)
どうして
探し続けないの?

ランス
*(周りを見て、次にミニーを見る。
続いて怒りを伴った動きで)*
そうするつもりだ! だが、多分、俺の間違いだ…
(ミニーの方を突然振り向きながら)
だが、あの男を愛していないと言ってくれ!

ミニー
(うんざりして)
あなた、おかしいわよ!

RANCE
(avvicinandosi, pallido, tremante)
Lo vedi!
Sono pazzo di te!... T'amo e ti voglio!...
(l'abbraccia violentemente e la bacia)
MINNIE
(svincolandosi)
Ah, vigliacco!...
(si libera e fugge)
RANCE
(rincorrendola, al parossismo dell'eccitazione)
Ti voglio!...
MINNIE
(afferra una bottiglia e lo minaccia alzandogliela sulla testa)
Via di qua,
vigliacco!... Esci!
(incalza Rance verso l'uscita)
RANCE
(con atto minaccioso, fermandosi sotto il ballatoio)
Sei fiera.., L'ami! Vuoi
serbarti a lui...
Sì, vado. Ma ti giuro...
(stende una mano verso Minnie)
che non ti avrà!...
(Una stilla di sangue, gocciando dal solaio, gli cade sulla mano.
Egli si sofferma, stupito)
Oh, strano!
Del sangue sulla mano...
MINNIE
(avvicinandosi, con voce meno aspra,
un po' tremante, per sviare il sospetto)
Forse v'avrò graffiato!...
RANCE
(si pulisce la mano col fazzoletto)
No, non c'è graffio... Guarda!
(uno stillicidio insistente
cade sul fazzoletto, arrossandolo)
Ah! Sangue ancora!...
(guarda il solaio,
poi con un grido di gioia e d'odio, come avventandosi)
È là!
MINNIE
(disperata, opponendosi a Rance con tutte le sue forze)
Ah, no... non voglio!
RANCE
(cercando sciogliersi dalla stretta di Minnie)
Lasciami!
(imperioso, rivolto verso il solaio)
Signor Johnson, scendete!
(vede la scala, l'appoggia al solaio)
MINNIE
(supplichevole)
Aspettate... Vedete!
Non può, non può!...

ランス
(震えながら、顔色を変えて近づきながら)
そう思うか!…
俺はあんたにまいっている!… 愛している!…
(彼女にキスしようと、激しく抱擁する)
ミニー
(振りほどきながら)
ああ、卑劣な男!…
(彼からのがれ逃げる)
ランス
(情欲の発作に襲われたように、彼女を追いかけ)
あんたが好きだ!…
ミニー
(ボトルを握り締め、彼の頭に振りかぶし、脅す)
出て行って、
卑劣な奴!… 出て行って!
(ランスを出口にせきたてる)
ランス
(脅すようにテーブルに近づき、踊り場に留まって)
あんたは残酷だ… あの男を愛している!
そして、あの男に仕えようと望んでいる…
出て行くよ。しかしな、絶対に…
(ミニーに手を差し出す)
あんたを、あいつの者にさせない!…
(ランスの手に、屋根裏から落ちてきた血の滴が当たる。
彼は驚いて立ち止まる)
こんなことが!
手に血がついている…
ミニー
(彼に近づき、控えめな声で、疑いが明らかに
なる事を怖れて多少震えながら)
きっと、私が引っ掻いたんだわ!…
ランス
(ハンカチで手を拭きながら)
違う、傷口がない… 見てみろ!
(絶え間のない血の滴りが
ハンカチを真っ赤に染める)
ああ!… こんなに血が!…
(屋根裏を見上げて、獲物を見つけたような
喜びと同時に、憎しみの叫び声を上げる)
奴はあそこにいる!
ミニー
(絶望的に、全ての力をランスに向けながら)
ああ、駄目… やめて!
ランス
(ミニーの懇願を払いのけ)
放すんだ!
(堂々と屋根裏部屋の方を向いて)
ジョンソンさん、降りて来るんだ!
(梯子を目にし、屋根裏部屋に立て掛ける)
ミニー
(懇願するように)
待って… わかるでしょ!
だめよ… できないわ!…

JOHNSON
(con uno sforzo supremo si alza,
comincia a discendere pallido e
sofferente, ma con volto fiero)

RANCE
(impaziente)
Scendete!
O, perdio...
(spianando la pistola verso Johnson)

MINNIE
(smarrita, sempre più implorante)
Un minuto,
Rance! Un minuto ancora!

RANCE
Un minuto? E perchè ?
Ah, ah, che mutamento!...
(Johnson, aiutato da Minnie, ha disceso gli ultimi scalini,
si trascina verso il tavolo)
Volete ancor giuocare
la partita con me,
signor di Sacramento ?
Lascio la scelta a voi
a corda od a pistola!
(Johnson si siede di peso sulla sedia, appoggia i gomiti sul tavolo,
vi abbandona sopra il capo. É svenuto)

MINNIE
(violentissima)
Basta, uomo d'inferno!
Vedetelo: è svenuto.
Non può darvi più ascolto...
(disperata si preme le tempie con le mani,
come per cercare un'ispirazione, poi si avvicina a Rance,
lo guarda con gli occhi negli occhi,
parlandogli con voce secca e concitata)
Parliamoci fra noi... E si finisca'.
Chi siete voi, Jack Rance? Un biscazziere.
E Johnson? Un bandito.,
Io? Padrona di bettola e di bisca
vivo sul whisky e l'oro,
il ballo e il faraone.
Tutti siam pari!
Tutti banditi e bari!
Stanotte avete chiesto una risposta
alla vostra passione...
Eccovi la mia posta!

RANCE
(studiandola)
Che vuoi dire?

MINNIE
(affannosamente)
Ch'io v'offro
quest'uomo e la mia vita!...
Una partita a poker!

ジョンソン
(渾身の力を振り絞って立ち上がる。
青白く苦痛に満ちた状態だが、
顔付はしっかりとして降り始める)

ランス
(我慢できずに)
降りて来い!
さもなければ、神の名において…
(ジョンソンに向けてピストルをかまえ)

ミニー
(狼狽し、さらにすがりつき)
ちょっとだけ、
ランス! ほんの少しだけ!

ランス
少しだけ?　なぜだ?
それにしても、何という変わりようだ!…
(ジョンソンはミニーに助けられ、最後の数段を降り切り、
テーブルの方に身体を引きずるようにして行く)
俺と、まだ
勝負をしたいのか
サクラメントの旦那?
お前に選ばせてやろう
縛り首かピストルか!
(ジョンソンはぐったりとして梯子に体をあずけ、
肘をテーブルで支えて、頭をその上に乗せる。彼は気を失う)

ミニー
(非常に暴力的に)
もういいわ、地獄の使者!
彼を見て、気を失っているわ。
もう、あなたの言っていることが解らないのよ…
(絶望的に、何かインスピレーションを探るかのように
こめかみを両手で抑える、続いてランスに近づき、
彼の両目を食い入るように見詰め
乾いた、しかも興奮した声で、彼に話し始める)
2人だけで話しましょう… けりをつけるのよ!
あなたは何者、ジャック・ランス?　賭博師でしょ!
ジョンソンは?　盗賊。
私は?　居酒屋賭博場の女主人、
ウイスキーと黄金のお陰で生きているのよ、
ダンスとカードのお陰なのよ。
私達みんな、おあいこなのよね!
みんな盗賊で、詐欺師なのよ!
今晩、あなたは回答を求めたわね
あなたの情欲に対する…
さあ、これが私の賭け金よ!

ランス
(彼女の様子を窺いながら)
何が言いたいんだ?

ミニー
(息苦しそうに)
あなたに
この男の人と、私の命を与えるわ!…
ポーカーの勝負でよ!

Se vincete, prendetevi
questo ferito e me...
Ma se vinco, parola
di Jack Rance gentiluomo,
è mio, è mio quest'uomo!...

RANCE
Ah, come l'ami!...
Accetto, sì! T'avrò!

MINNIE
La parola?...

RANCE
So perdere
come un signore... Ma perdio! son tutto
della sete di te arso e distrutto...
ma se vinco, t'avrò...
(Minnie si ritrae con un senso di ripulsione,
va verso l'armadio e vi si indugia.
Si vede che furtivamente si nasconde qualche cosa in una calza)

MINNIE
Abbassate la lampada...

RANCE
(impaziente)
Che aspetti ?

MINNIE
(indugiando)
Cercavo un mazzo nuovo...
(si avvicina al tavolo, preoccupata)
Son nervosa
scusatemi. È una cosa
terribile pensar che una partita
decide d'una vita.
(si siede al tavolo in faccia a Rance)
Siete pronto ?

RANCE
Son pronto. Taglia. A te.

MINNIE
Due mani sopra tre.

RANCE
(dà le carte)
Quante ?

MINNIE
Due...

RANCE
Ma che ha
che l'adori così?

MINNIE
(scartando le carte)
Voi che trovate in me?...
Che avete ?

RANCE

あなたが勝てば
この傷ついた男と私を好きにして…
でも私が勝てば、誓ってよ
紳士としてジャック
私のもの、この人は私のものだって!…

ランス
あいつをそんなに愛しているんだ!
わかった、わたったよ! あんたを俺のものにする!

ミニー
誓って?…

ランス
紳士のように
引き際は心得ている… だが、神かけて! 俺は
あんたに激しく燃えている、混乱もしている…
しかし、俺が勝てば、あんたは俺のものだ…
(ミニーは憎悪して、後退りする。
箪笥の方に行き、そこで何かぎこちない動きをする。
こっそりと靴下の中に、何かを隠しているのが見える)

ミニー
ランプの灯を…

ランス
(我慢できず)
何で待たせるんだ?

ミニー
(ためらいながら)
新しいカードを探していたのよ…
(不安げにテーブルに近づく)
私、いらいらしているわ、
ご免なさい。考えてみると
こんなに恐ろしいことって…
一度の勝負が、人生を決定するなんて。
(ランスと向かい合って、テーブルの席につく)
いいわね?

ランス
俺はいつでも。切ってくれ。君だ。

ミニー
3回勝負よ。

ランス
(カードを配る)
何枚?

ミニー
2枚…

ランス
それにしても
あんな男の、どこがそんなにいいんだ?

ミニー
(不用なカードを捨てながら)
あなたは私のどこがいいの?…
どんな手?

ランス

Io re.

MINNIE

Io re.

RANCE

Fante.

MINNIE

Regina.

RANCE

Hai vinto.

Alla mano seguente!

(giocano)

Due assi e un paio...

MINNIE

(mostrando il suo gioco)

Niente!

RANCE

(con gioia)

Pari! Siam pari! Evviva!

MINNIE

(preoccupata)

Ora è la decisiva?

RANCE

Si. Taglia.

MINNIE

(cercando raddolcirlo)

Rance, mi duole

delle amare parole...

RANCE

(acceso)

Scarta.

MINNIE

(indugiando a giocare)

Ho sempre pensato

bene di voi, Jack Rance...

e sempre penserò...

RANCE

(certo ormai della vittoria)

Io penso solamente che ti avrò

fra le mie braccia alfine.

Tre re! Vedi: ti vinco!

MINNIE

(guarda il proprio giuoco, poi come se stesse per svenire)

Presto, Jack, per pietà!

Qualche cosa... Sto male!

RANCE

(si alza, cercandosi attorno)

Che debbo darti?

MINNIE

(indicando la dispensa accanto al camino)

Là...

RANCE

キング。

ミニー

私もキング。

ランス

ジャック。

ミニー

クイーン。

ランス

君の勝ちだ。

君が親の番だ!

(2人はゲームを続ける)

エースが2枚とワンペアー…

ミニー

(自分の手を見ながら)

何もないわ!

ランス

(喜んで)

あいこだ! 俺達あいこだ! やったぞ!

ミニー

(不安気に)

今度が勝負ね。

ランス

そうだ。切ってくれ。

ミニー

(彼の気持を和らげようとしながら)

ランス、さっき辛辣なこと言って

私、苦しいわ…

ランス

(火がついたように興奮して)

カードを捨てろ。

ミニー

(賭けることに戸惑いながら)

私、ずっとあなたのこと

悪く思ってなかったわ、ジャック…

そしてこれからもずっと…

ランス

(勝利を確信して)

俺が考えているのは、あんたを

この腕の中に抱くことだけだ。

キングが3枚だ。俺の勝ちだな!

ミニー

(自分のカードを見て失神しそうになる)

早く、ジャック、お願い!

何か… 気分が悪いわ!

ランス

(立ち上がり、あたりを探しながら)

何を用意すればいいんだ?

ミニー

(暖炉のそばの食器棚を指差しながら)

あそこに…

ランス

Ah! la bottiglia... Vedo...
(alzandosi premuroso per prendere la bottiglia del whisky)
Ma il bicchiere... dov'è?...
(Minnie approfitta del breve intervallo
per cambiare rapidamente le carte,
mettendo quelle del gioco nel corsetto,
prendendo le altre preparate nella calza)

MINNIE
Presto, Jack... Ve lo chiedo
per pietà, Jack!

RANCE
(cercando ancora, con gioia)
So perchè sei svenuta.
Hai perduto! Hai perduto!...
(Rance ha trovato il bicchiere,
si volge rapidamente per portarle soccorso;
quando si volge Minnie è già sorta in piedi, presso il tavolo,
mostrando il suo gioco, raggiante, vittoriosa)

MINNIE
(gridando)
Vi sbagliate. È la gioia! Ho vinto io
Tre assi e un paio!
(Rance rimane interdetto, senza parola:
posa la bottiglia: guarda le carte: si domina)

RANCE
(freddamente)
Buona notte.
(prende soprabito e cappello; esce;
Minnie corre a sbarrare l'uscio;
si abbandona ad una risata nervosa)

MINNIE
È mio!
(poi vede Johnson ferito, immobile;
si getta su lui, scoppiando in singhiozzi).

(Cala la tela).

ああ、あの瓶だな… わかった…
(慎重にウイスキーの瓶を取るために立ち上がりながら)
で、グラスは… どこかな?…
(ミニーは、この瞬間を利用して、
急いでカードを取り替えようとする。
自分の手にしていたカードをコルセットの中に隠し、
靴下にあらかじめ用意してあったカードを取り出す)

ミニー
急いで、ジャック… お願いだから
急いで、ジャック…!

ランス
(まだ瓶を探しながら、喜びに満ちて)
俺には、あんたがどうして気を失ったかわかるよ。
あんたが負けたからだ! 負けたからだ!…
(ランスはグラスを見つけ、
彼女を助けるために、急いで近づこうとする。
彼が振り向いた時、ミニーはランスに、喜色満面勝利を確信して、
自分のカードを示しながら、すでにテーブルの脇に立っている)

ミニー
(叫ぶように)
そうじゃないわ。うれしいからよ! 私の勝ちなのよ!
エースのスリーカードにワンペアー!
(ランスは呆然と、言葉なく立っている。
瓶を置いてカードを見る。感情を抑えている)

ランス
(冷たく)
おやすみ。
(彼は外套と帽子をとって出て行く。
ミニーは扉に閂をかけるために駆け出し、
発作的に笑い出す)

ミニー
彼は私のもの!
(負傷して動かなくなったジョンソンを見る。
彼に身を投げ出し呻くように泣き始める)

(幕が下りる)

ATTO TERZO

La grande Selva Californiana.

*Lembo estremo della selva sul digradare lento di
un contrafforte della Sierra.
Uno spiazzo circondato dai tronchi enormi, diritti
e nudi, delle conifere secolari, che formano intorno
come un colonnato gigantesco.
Nel fondo, dove la selva s'infoltisce sempre più,
s'apre un sentiero, che s'interna fra i tronchi:
qua e là appaiono picchi nevosi altissimi di montagne.
Per lo spiazzo, che è come un bivacco dei minatori,
sono stesi dei grandi tronchi abbattuti,
che servono da sedile; accanto ad uno di questi
arde un fuoco alimentato da grossi rami.
Nella luce incerta della prim'alba la grandiosa fuga
dei tronchi rossigni muore in un velo folto di nebbia.
(Rance è seduto a sinistra, presso il fuoco,
con gli abiti in disordine,
il viso stanco e sconvolto, i capelli arruffati;
Nick, pensieroso, è seduto in faccia a Rance.
Ashby è sdraiato in terra presso al cavallo,
in ascolto. Indossano tutti e tre pesanti cappotti.
Nessun rumore turba il silenzio dell'alba invernale)*

NICK
*(attizzando il fuoco con la punta dello stivale,
sottovoce, cupamente)*

Ve lo giuro, sceriffo:
darei tutte le mance
di dieci settimane
pur di tornare indietro d'una sola,
quando questo dannato
Johnson della malora
non ci s'era cacciato
ancor fra i piedi!

RANCE
(con rabbia, cupamente)
Maledetto cane!
Parea ferito a morte...
E pensar che da allora,
mentre noi si gelava fra la neve,
è stato là, scaldato
dal respiro di Minnie, accarezzato,
baciato...

NICK
(con uno scatto di protesta)
Oh, Rance!...

RANCE
Un ladro del suo stampo!
Avrei voluto a tutti

第3幕

カリフォルニアの広大な森林。

*シエラ山脈の支脈にむけてなだらかに下降する森林の
最も端に位置する場所。
真っ直ぐで剥き出しの巨木の切り株で囲まれた広場。
幾世紀も経た針葉樹林があたかも巨大な
列柱を構成している。
舞台奥、森の密度がいっそう深まるところ
切り株の合間を縫って一本の小道が拡がる。
山の高みに生息する雪にまみれたキツツキがあちこちに現れ
空き地はまるで鉱山夫たちの野営地のように
数々の切り株が無造作に置かれ
それらは椅子に利用されている。椅子の間には
太めの枝が燃やされ炎が輝いている。
夜明けの不鮮明な光の中
赤みがかった切り株が濃い霧のヴェールに消え入る。
(ランスが無頓着な衣装で
下手の火のそばに座っている。
顔付は疲れてやつれ、髪の毛も乱れている。
ニックは、物思いに耽りながら、ランスの目の前に座っている。
アシュビーは馬の傍で地面に寝そべって
話に耳を傾けている。3人とも厚手のコートを身に着けている。
冬の夜明けの沈黙を破るような物音は何一つない)*

ニック
*(ブーツの爪先で、炎に勢いをつけながら、
暗く小さな声で)*
誓うよ、保安官。
全てのチップを差し出すよ
10週間分のチップを
もし、1週間だけでも前に戻れるんだったら…
あの地獄の呪われた男
ジョンソンが
俺達の周りに
まだ現れていなかった頃に戻れるなら!

ランス
(怒りを込めて、暗く)
あのいまいましい犬め!
瀕死の重傷だと思っていたのに…
俺達が、雪の中で凍えていたあの時すでに
暖められていたんだ
ミニーの息で
愛撫で、キスで
そのことを思うと…

ニック
(いきなり反発するように)
ああ、ランス!…

ランス
あの手合いのごろつきめ!
みんなに、俺の知っていることを

— 53 —

gridar quel che sapevo...

NICK
(con approvazione un po' canzonatoria)
E non l'avete fatto.
È stato proprio un tratto
cavalleresco...

RANCE
(sogghignando amaramente, fra sè)
Ah, sì!
(a Nick, con rancore sostenuto)
Ma che ci vede, dimmi,
ma che ci trova
la nostra bella Minnie
in quel fantoccio?...

NICK
(sorridendo, con fare accorto)
Mah!
Qualcosa ci vedrà!....
(con comica filosofia)
Amore, amore!
Paradiso ed inferno, è quel che è
tutto il dannato mondo s'innamora!
Anche per Minnie è giunta oggi quell'ora.
(A poco a poco la luce del giorno va rischiarando la scena.
A un tratto un clamore lontano,
vago e confuso, giunge dalla montagna.
Ashby balza in piedi di scatto, scioglie il cavallo,
lo afferra alla briglia, si fa in mezzo allo spiazzo,
nel fondo, verso il sentiero; anche Rance e Nick si alzano)

VOCI LONTANE
Holla!... Holla!... Holla!...

ASHBY
(all'udire le voci grida:)
Urrah, ragazzi!... Urrah!...
(rivolto a Rance)
Sceriffo, avete udito?
N'ero certo, perdio!
Han trovato il bandito!...
Una buona giornata per Wells Fargo!...

VOCI PIÚ VICINE
(da vari punti)
Holla.!... Holla!...
(le grida si ripetono più distinte.
Rance si alza)

ASHBY
(a Rance)
Non udite ? Ah, stavolta
non mi sfuggi, brigante!...

RANCE
(amaro)
Siete più fortunato
di me...

ASHBY

叫びまわってやればよかった…

ニック
(少々からかい気味に)
でも、そうはしなかった。
それは、まさに
騎士的な振る舞いだった…

ランス
(自らを嘲笑するように)
ああ、そうさ!
(ニックに、恨むように)
言ってくれ、それにしても、何を見い出し
何を探し当てたんだ
俺達の美しいミニーが
あの出来損ないの男に?

ニック
(微笑みながら、慎重に)
さあね!
何かが見えたんでしょ…
(コミカルに)
愛、愛!
天国も地獄も、かまっちゃいない。
罪深いこの世の中の誰もが恋する!
ミニーにも、あの時がその日だった。
(少しづつ陽光が差し込み、舞台は明るくなる。
突然、遠くの山の方から、
混乱した、判然としない叫び声が聞こえてくる。
アシュビーは、目を覚まし瞬間的に立ち上がり、馬の手綱を取り
広場の中央あたりから舞台奥の小道の方に向かう。
ランスとニックも立ち上がり舞台中央に進み出る)

遠くの声
ここだぞ!… オラー!… オラー!…

アシュビー
(叫び声を聞いて)
おーい、みんな!… ウラー!…
(ランスのほうを振り向いて)
保安官、聞いただろ?
今度こそ間違いない!
みんなが強盗を見つけたんだ!
ウェルズ・ファルゴ社にとって、最良の一日だ!…

近づいてきた声
(様々な方向から)
おーい!… わーっ!…
(叫び声が益々明瞭に繰り返される。
ランスは立ち上がる)

アシュビー
(ランスに)
聞こえないか?　畜生め、今度は
逃げられないぞ、山賊!

ランス
(苦々しく)
あんたはずっと幸せだ
俺に比べれば…

アシュビー

(osservandolo, stringendo gli occhi
con uno sguardo indagatore)
Da quella notte là, alla "Polka"
non vi ho capito più,
sceriffo...
(Rance alza le spalle e non risponde).

VOCI VICINISSIME
Holla!...

traversando la scena nel fondo con un movimento aggirante.
Alcuni hanno in pugno coltellacci e pistole;
altri delle vanghe e dei bastoni. Gridano tutti
confusamente, come cani che inseguano un selvatico)

ASHBY
(lanciandosi verso di loro)
Holla!...
Fermi tutti, perdio!
(La folla degli inseguitori
si ferma un istante, volgendosi alle grida)
Giù le armi! Dev'esser preso vivo!
(Alcuni corrono fuori di scena gridando: polla, holla,
Sopraggiungono altri cinque o sei minatori
che sono affrontati da Ashby e si fermano, affannati dalla corsa)
Dov'è?

ALCUNI MINATORI
S'insegue... Holla!...

ALTRI
(indicando la direzione)
Per di qui...

ASHBY
DovÈ Dove?...

ALTRI MINATORI
Di là, di là dal monte!

ALTRI
Il bosco fino a valle
è già tutto in allarme

ALTRI
Ashby, a fra poco! Addio!

ASHBY
(balzando in sella al cavallo)
Vengo con voi!

TUTTI
Urrah!...
(Ashby saluta con la mano Rance e
Nick e si allontana al trotto preceduto dai minatori)

ALCUNI MINATORI
(indicando la direzione)
Per di qua! Per di qua!
(Il gruppo scompare fra gli alberi.
Nick e Rance rimangono soli)

RANCE
(levando le braccia, come per rivolgersi
verso la casa di Minnie, in uno scatto di gioia crudele)

(何かを探るような目つきで、
彼を注意深く観察しながら)
ポルカで、あの晩から
あんたの事が、解らなくなったよ、
保安官…
(ランスは両肩を上げ、答えない)

非常に接近した声
おーい!…

彼等は舞台を横切り、舞台奥の方に包囲するように移動する。
何人かの者達は、ナイフとピストルを持っている。
残りの者達は、シャベルや棒を持っている。皆は、
獲物を見つけた猟犬のように、混乱し叫んでいる)

アシュビー
(彼等の方に思いっきり)
おーい!
止まれみんな、何してんだ!
(その叫び声の方を振り向きながら、
追手の集団は一瞬立ち止まる)
武器を置け! 生け捕りにしなければならない!
(何人かの者達が、わいわい叫びながら舞台裏で走っている。
5, 6人の鉱夫達が、息せき切って走ってきたために
アシュビーと鉢合わせになって立ち止まる)
どこだ?

何人かの鉱夫達
追いかけろ… それ!…

その他の者達
(みんなが行った方を指差しながら)
こっちからだ…

アシュビー
どこだ? どこだ?

その他の鉱夫達
あっちだ、山の方だ!

他の者達
谷に通じる森の方は
全部見張っている!

他の者達
アシュビー、それじゃ! あとで!

アシュビー
(馬の鞍に飛び乗りながら)
あんた達と一緒に行くよ!

一同
そーれ!…
(アシュビーは、ランスとニックに手で挨拶をして、
鉱夫達のあとを、馬を早駆けして遠ざかる)

何人かの鉱夫達
(その方向を示しながら)
こっちだ! こっちだ!
(一同は、木の陰に見えなくなる。
ニックとランスだけが残る)

ランス
(両手を上げながら、まるで、
ミニーの家の方を向くように、残酷な笑いを込めて)

Minnie, ora piangi tu! Per te soltanto
attanagliato dalla gelosia
mi son disfatto per notti di pianto,
e tu ridevi alla miseria mia!
Ora quel pianto mi trabocca in riso!
Quegli che amasti non ritornerà
Minnie, ora piangi tu, che m'hai deriso!
La corda è pronta che l'impiccherà!

(Si getta a sedere sul tronco riverso, serbando sul viso il suo riso
Nick in disparte passeggia e
si ferma a guardare lontano, in atteggiamento ansioso ed incerto.
Alcuni minatori entrano in scena correndo)

NICK
(ai più prossimi, interrogandoli)
Dite!...

ALCUNI MINATORI
(seguitando la corsa)
rinchiuso!

ALTRI MINATORI
(dal fondo a quelli che li seguono)
Avanti!

ALTRI
(a Nick, senza fermarsi)
Fra poco!

ALTRI
(che sopraggiungono, incitando gli altri alla corsa)
Avanti!...
(La muta furiosa si è allontanata. Nick riprende la sua passeggiata,
cogitabondo, poi si ferma vicino a Rance,
che è ancora seduto, chiuso e torvo)

VOCI INTERNE
Urrah!...

NICK
Sceriffo, avete udito?

RANCE
(senza rispondergli,
con ira sorda, guardando in terra)
Johnson di Sacramento,
un demonio t'assiste! Ma, perdio!...
se ti prendono al laccio
e non ti faccio
scontare ogni tormento,
puoi sputarmi sul viso!...
(Giunge un'altra turba urlante d'uomini a cavallo e a piedi.
Vedendo Rance e Nick sì fermano.
Harry e Bello sono avanti a tutti)

VOCI
(confuse)
Fugge! Fugge!...

RANCE
(scattando in piedi e slanciandosi verso Harry)
Ah, perdio!

ミニー、今度は君が泣く番だ! 君のためだけに
嫉妬ゆえにもがき苦しんだ俺は
幾晩も涙に濡れ、眠れぬ夜を過ごした。
なのに、君は俺の苦しみを笑っていた!
今、あの涙が喜びに変わる時だ!
君が愛した男は戻らないだろう。
ミニー、俺をあざ笑った君が泣く番だ!
あいつを縛るロープはここにある!

(不遜な笑みをたたえたまま、切り株に倒れこむように座る。
ニックは少し離れた所を動き回っているが
不安と判然としない態度で遠くを見詰め立ち止まる。
何人かの鉱夫達が、走りながら舞台に入ってくる)

ニック
(そばにいた鉱夫達に質問する)
どうだった!…

何人かの鉱夫達
(走り続けながら)
奴を封じ込めたぞ!

その他の鉱夫達
(舞台裏で、後から続く者達に)
さあ、行け!

その他の者達
(立ち止まらず、ニックに)
もうすぐさ!

その他の者達
(走り回っている他の者達を指差しながら、なだれ込む)
進め!…
(怒った一群が遠ざかる。ニックは物思いに耽りながら歩き出すが、
落ち込んだ様子で、顔つきの険しい座ったままの
ランスの傍で立ち止まる)

舞台裏の声
わーっ!…

ニック
保安官、聞いたでしょ?

ランス
(彼に答えず、内に秘めた怒りをもって、
地面を見詰めながら)
サクラメントのジョンソン、
お前には悪魔の力添えがある! だが、神かけて!
みんながお前を捕らえ
俺の苦しみを
お前に償わせない時には
この顔に、唾を吐きかけてもいい!…
(馬に乗ったり、走った男達の別の一団が入ってくる。
彼等は、ランスとニックを見て立ち止まる。
ハリーとベッロが、一団の前面にいる)

入り混じった声
(混乱した感じ)
逃げたぞ! 逃げたぞ!

ランス
(急に立ち上がり、勢いよくハリーの方に向かって)
ああ、なんということだ!

La Fanciulla del West di G.Puccini

HARRY
È montato a cavallo!...

RANCE
(facendosi in mezzo alla turba in clamore, gridando)
Come? Dove?...

BELLO
(ansando)
Alla Bota
già un uomo gli era sopra...

HARRY
Sembrava ormai spacciato!...

UN MINATORE
Non gli restava scampo!

UN ALTRO
Già l'aveva acciuffato
pei capelli...

UN TERZO
Quand'ecco...

RANCE
Racconta... avanti... avanti...

BELLO
Quand'ecco il maledetto
con un colpo lo sbalza
giù d'arcioni, s'afferra
ai crini, balza in sella,
sprona, e... via come un lampo!
(Alcuni accompagnano il racconto con un concerto di
esclamazioni irose; altri lo continuano
con un grande agitare delle braccia in gesti violenti)

VOCI
(varie)
Gli uomini di Wells Fargo
l' inseguono a cavallo!
Ashby è con la sua gente!
Gli son tutti alle spalle!
Han passato il torrente!
Corron giù per la valle!
E un turbine che passa!...
(Un urlo formidabile, selvaggio, echeggia in distanza.
Tutti tacciono, si volgono, restano un attimo sospesi.
L'urlo si ripete.
La turba scoppia anch'essa in un grido di "urrah!»)
Via, ragazzi!...
Alla caccia!
Via! Via tutti...
Alla valle!...
(Stanno per lanciarsi nuovamente, quando il galoppo lontano di
un cavallo a corsa sfrenata li arresta)

JOE
(indicando in direzione degli alberi, a destra)
È Sonora, guardate!...

ハリー
奴は馬に乗せられていた!…

ランス
(群衆の真ん中で、大声で叫びながら)
何だって? どこで?

ベッロ
(あえぎながら)
ボータで
男がもうひとり、奴の上に乗っていた…

ハリー
奴も、もうおしまいだと思っていたのに!…

ひとりの鉱夫
逃げられるはずはなかったのに!

別の鉱夫
奴は髪の毛を
掴まれていた…

さらに別の鉱夫
ちょうどその時…

ランス
話せ… 先を… さあ話せ…

ベッロ
ちょうどその時、あのくたばり損ないは
一撃を加え、
男を突き飛ばし、
馬のたて髪にしがみつき、鞍に飛び乗り
拍車をかけて… 稲妻のようにすっ飛んで行った!
(何人かの者達は、その話しに、怒りの感情をむき出しにし
その他の者達は、激しいジェスチャーで
腕を振り回しながら話を続ける)

入り混じった声
(銘々で)
-ウェールズ・ファルゴの人々は
　馬で奴を追いかけて行った!
-アシュビーは、会社の人と一緒に
　奴の後を追った!
-彼等は急流を越えて行った!
-谷のほうまで駆けて行った!
-つむじ風が通り過ぎていくようだった!
　(恐ろしい、野蛮な叫び声が、遠くでこだます。
一同沈黙し、声のする方を向いて、息を殺している。
叫び声は繰り返される。
群衆も、ウワーッという叫び声を上げる)
-さあ、みんな!
-捕まえろ!
-やれ! やっちまえ…
-谷に向かえ!
(再び突進しようとするが、勢いよく走ってくる
遠くの馬の足音が、彼等の動きを制止する)

ジョー
(上手の、森の方を指差しながら)
ソノーラだ、見ろよ! …

SONORA
(da lontano)
Holla!...

ソノーラ
(遠くから)
おーい!…

JOE ed ALTRI
Holla!... Holla!...
(Sonora entra a galoppo. Rance afferra per la briglia il cavallo e lo ferma. Sonora scende da cavallo)
RANCE
(afferrando Sonora per un braccio)
Racconta!...
SONORA
(con un grido strozzato)
È preso!
TUTTI
(in un solo grido)
Urrah!...
(Arrivano altri gruppi di uomini correndo. Tutti si stringono attorno a Sonora chiedendo notizie. Billy sbuca di fra gli alberi. Ha in mano una lunga corda che va gettando qua e là attraverso i rami, per trovarne uno adatto al capestro)
VOCI
(confuse)
 Come fu?...   Dov'è stato?
 L'hai visto?...   L'han legato?
 Di' su, presto!...
RANCE
Racconta!...
SONORA
(fa cenno d'essere affannato dalla corsa)
L'ho veduto!. Perdio!... Pareva un lupo stretto dai cani!...
Presto sarà qui.
ALCUNI MINATORI

ジョーと他の者たち
おーい!… おーい!…
(ソノーラが、馬に乗って登場する。ランスは手綱をあやつって馬を制止させる。ソノーラは馬から降りる)
ランス
(ソノーラの腕を掴みながら)
話してくれ!…
ソノーラ
(喉につかえたような叫びで)
捕まえたぞ!
一同
(声を合わせて叫ぶ)
やったぜ!…
(別の一団の男達が、走りながら入ってくる。一同、ソノーラの周りに押し合うように集まり情報を求める。ビリーは木々の間に突進する。彼は、手に長いロープを持っている。それを、首吊りに最もふさわしい場所を探すために、あちこちの枝に投げかけている)
様々な声
(混乱して)
-どうだったんだ!… どこで捕まえたんだ?
-あんた奴を見たのかい?… 縛られてるのか?
-さあ、言ってくれ、すぐに!…
ランス
話してくれ!
ソノーラ
(馬を駆けて来たので、苦しそうな仕草で)
奴を見たさ! 畜生!… まるで犬に追い詰められた狼のようだった!…
すぐにここに連行されるはずだ。
何人かの鉱夫たち

- 58 -

Maledetto spagnuol! Che ne faremo?...

ALTRI
(indicando l'albero dove Billy prepara il laccio)
Un ottimo pendaglio!
Lo faremo ballare appena arriva
E quando ballerà
Pam! Pam! Pam! Pam!
tireremo al bersaglio!
(si muovono tutti in massa, gridando
e cantando il ritornello: Dooda, dooda, day!...)

RANCE
Minnie, Minnie, è finita!
Io non fui, non parlai!
tenni fede al divieto!...
A che ti valse,
A che ti vale, ormai?
Il tuo bel vagheggino
dondolerà da un albero al rovaio!
(si siede affranto)
(Rimangono soli Rance, Nick e Billy,
ancora occupato indifferentemente nelle sue prove crudeli.
Silenzio grave, rotto soltanto da un vago clamore lontano.
La luce del giorno é ormai chiarissima.
Le vette nevose scintillano al sole fra gli alberi).

NICK
(portando con violenza Billy
sul davanti della scena e dandogli una manciata d'oro)
(rapidamente, sottovoce)
Questo è per te...
Ritarda a fare il laccio...
Ma guai se mi tradisci
(puntandogli la pistola in faccia)
In parola di Nick,
Bada, t'ammazzo!
(Nick fugge precipitosamente, Un'orda precede l'arrivo di Johnson).
(Appare Johnson in mezzo a uomini a cavallo e
alla folla dei minatori e degli uomini del campo; è sconvolto, pallido,
col viso graffiato e gli abiti stracciati, ha una spalla nuda)

TUTTI
(entrando in scena con gesti di minaccia)
A morte! Al laccio! Al laccio lo spagnuolo!

ASHBY
(a Rance)
Sceriffo Rance! Consegno a voi quest'uomo
perchè sia dato alla comunità.
Faccia essa giustizia!...
(monta a cavallo)

TUTTI
La farà!...

ASHBY
(a Johnson, da lontano, mentre se ne va)
Buona fortuna, mio bel gentiluomo!

(Tutti si dispongono a gruppi a guisa di un tribunale, i cavalli
nel fondo, abbrigliati agli alberi. Johnson è nel mezzo, solo).

呪われたスペイン人め！ どう料理してやろう？

他の者たち
(ビリーが準備している木の方を指差しながら)
最高の首吊りだ！
奴が着けば、すぐに踊らせてやろう。
それで、踊りだしたら
パン！パン！パン！パン！
奴を標的にして狙い撃ち！
(ドーダ、ドーダ、ダイ！… とリトルネッロを叫び、
歌いながらひと塊になって動き始める)

ランス
ミニー、ミニー、もうおしまいだ！
俺のせいじゃない、俺は話さなかった
カードの約束は守った！…
奴が君にとってどんな価値があったんだ？
そして、今はどんな価値があるんだ？
君の素敵な恋人は
木に吊るされて、北風にぶらぶら揺れるだろう！
(衰弱したように座り込む)
(ランス、ニックそしてビリーだけになる。
ビリーは、相変わらず残酷な処刑の準備に没頭している。
息詰まるような沈黙が、はるか彼方の叫び声によって破られる。
昼の太陽光は透明に輝いている。
雪の積もった梢が、森の中に差し込む陽光に眩しく輝いている)

ニック
(ロープを持っているビリーの傍らに行き、
彼を強引に舞台前に連れて行き、金を掴ませながら)
(早口に小声で)
これは、お前にやる…
縛り首は、出来るだけ遅らせろ…
わかっているな！
(彼の顔面にピストルをつきつけながら)
ニックの言葉にかけて、
わかったな、俺はお前を殺す！
(ニックは急いで姿を消す。ジョンソンの到着に先立つ群衆)
(ジョンソンが馬に乗った男達、鉱夫達、土地の男達に囲まれ現れる。
ジョンソンの顔色は蒼白で、傷つけられている。
衣服は引き裂かれ、肩はむき出しになっている)

一同
(脅すような態度で舞台に登場しながら)
殺せ！吊るせ！スペイン人を吊るせ！

アシュビー
(ランスに舞台中央から)
保安官ランス！この男をあなたに引き渡します、
共同体の手に委ねられるべきでしょうから。
正しく裁かれますように！…
(馬に乗る)

一同
その通りだ！…

アシュビー
(退場しながら、遠くからジョンソンに)
達者でな、色男！

(一同裁判の準備をする。馬は舞台奥の立ち木に
手綱で繋がれている。ジョンソンは独り舞台中央にいる)

RANCE
*(dopo aver acceso un sigaro, si avvicina a Johnson
e gli getta una lunga boccata di fumo in viso. Con ironia:)*

E così, signor Johnson, come va?
Scusate se vi abbiamo disturbato...

JOHNSON
(sdegnoso, guardandolo fisso)

Purchè facciate presto!...

RANCE
Oh, quanto a questo
basteranno a sbrigarci
pochi minuti...

JOHNSON
(indifferente)

È quello che desidero.

RANCE
(con cortesia affettata)

E che desideriamo
tutti... Vero, ragazzi ?

*(La turba dei minatori si stringe attorno ai due uomini con un
brontolio iroso e impaziente)*
*(Il brontolio sordo che corre fra i minatori scoppia
ad un tratto in un tumulto rabbioso, violentissimo.
Tutti sono intorno a Johnson, che li fronteggia
colla sua fierezza sdegnosa, il busto eretto, la fronte
aggrottata, e lo investono con gesti e voci minacciose.
Anche gli uomini a cavallo sono scesi di sella,
lasciando i cavalli nel fondo e si sono uniti alla turba)*

VOCI VARIE
(con violenza)

Al laccio!
A morte!
Cane!...
Figlio di cane!... Ladro!...

HARRY
(con accanimento, avanzandosi verso Johnson)

Hai saccheggiato
tutto il paese!...

BELLO
(c. s.)

La tua banda ladra
ha rubato ed ucciso!...

JOHNSON
(scattando)

No!...

TRIN
La squadra
di Monterey, bandito,
fu massacrata dalle facole gialle
(avvicinando la faccia a Johnson)
di quelle tue canaglie messicane!...

HAPPY

ランス
*(葉巻に火をつけてから、ジョンソンに近づいて、
彼の顔に煙を、静かにたっぷり吹きかける。皮肉を込めて)*

ということで、ジョンソンさん、具合は如何かな?
あなた達の楽しみを邪魔して、申しわけない…

ジョンソン
(軽蔑したようにじっと顔を見詰め)

どうせなら、さっさとやってくれ…

ランス
ああ、そのことなら
急げば、ほんの
数分で済んでしまうさ…

ジョンソン
(無関心に)

それは私の望むところだ。

ランス
(慇懃無礼に)

それに、我々みんなが
望むところでもある… そうだろ、みんな?

*(鉱夫達の群衆は、2人の男達の周りに、怒りと、
我慢出来ない不平をぶつけながら、詰め寄る)*
*(このやり場のない不平が、鉱夫達に広がり一瞬にして、
怒りと暴力的な暴動に発展する。
一同ジョンソンを取り囲む。
ジョンソンは、胸を張り、額にしわを寄せ、
軽蔑心を露にして彼らを見詰める。
男達は、彼を脅すような態度と声で攻撃する。
馬から降りた男達も、舞台奥から群衆の中に混じる)*

様々な声
(暴力的に)

-吊るせ!
-死刑だ!
-犬!
-犬野郎!… −泥棒!…

ハリー
(ジョンソンに、むきになって近づき)

お前は、村中を
強奪したんだ!…

ベッロ
(ジョンソンにむきになって近づき)

お前の盗賊の一味は
盗むだけじゃなく、人まで殺したんだ!…

ジョンソン
(強く否定的に)

違う!…

トゥリン
モントレーの
一味は、おい盗賊、
お前達メキシコの
(ジョンソンに顔を近づけながら)
黄色い面の悪党に、皆殺しにされたんだ!…

ハッピー

Pugnalasti alle spalle
il nostro Tommy!...

JOHNSON
(pallidissimo)
Non è vero!...

HAPPY ed ALTRI
Sì!

VOCI
A morte! A morte!

HARRY
Non è un mese, alla valle
fu ucciso un postiglione!

BELLO
Tu lo uccidesti!

VOCI
A morte! A morte!

JOHNSON
(fierissimo, alzando il capo, con gli occhi sfavillanti
sotto le sopracciglia corrugate)
No! Maledizione
a me!... Fui ladro, ma assassino mai!

JOE ed ALTRI
Non è vero!...

HARRY
Se pure, fu la sorte
che ti aiutò!

TRIN
Alla "Polka" quella notte
venisti per rubare...

SONORA
Furon gli occhi e il sorriso
di Minnie, a disarmarti!....

BELLO
Anche lei ci hai rubato!

SONORA
Ladro! Ce l'hai stregata.

HARRY
Ladro! ladro'.

BELLO
Ladro, sì, ladro d'oro
e di ragazze!

VOCI VARIE
Al laccio lo spagnuolo!
A morte!...
A morte `...
Billy
ha la mano maestra!...
E sarai fatto re della foresta!...
(Coro di risa feroci)

お前は俺達のトミーを
背中から刺した!…

ジョンソン
(真っ青になって)
違う!…

ハッピーと他の者達
殺ったんだ!

様々な声
リンチだ! 死刑だ!

ハリー
1ヶ月も経っていないんだ、谷間で
郵便配達夫が殺されてから!

ベッロ
お前が殺したんだ!

様々な声
死刑だ! 死刑だ!

ジョンソン
(厳しい顔つきで、頭を上げながら、
ぎらぎらした目もとに、しわを寄せながら)
違う! 俺を呪ってもかまわない!…
俺は盗賊だった、しかし、人を殺めた事はない!

ジョーと他の者達
嘘だ!

ハリー
たとえそうであっても、それは運命が
お前に味方しただけだ!

トゥリン
ポルカにあの晩
お前は盗みに来たんだろ…

ソノーラ
ミニーの瞳と微笑みが
お前の気をそいだだけだ!…

ベッロ
あの人まで、お前は盗んでいったんだ!

ソノーラ
泥棒め! お前は彼女を惑わしたんだ。

ハリー
盗賊! 泥棒め!

ベッロ
泥棒さ、そうだ、金も
女もさらっていきやがった!

様々な声
-スペイン野郎を吊るせ!
-死刑だ!…
-死刑だ!…
-ビリーは
手慣れているから!…
お前はこの森の王になるだろう!…
(残忍な笑い声が唱和する)

TRIN HARRY JOE
Ti faremo ballare
l'ultima contraddanza...

SONORA BELLO HAPPY
Ti faremo scontare
le carezze di Minnie...

BELLO
Ti faremo cantare
da Wallace la romanza
della "Bella fanciulla"!...
(Spingono brutalmente Johnson verso l'albero
dove sta Billy col laccio)

RANCE
(battendo sulla spalla a Johnson, ridendo)
Non vi preoccupate, caballero!
È una cosa da nulla...

JOHNSON
(freddamente, poi esaltandosi)
Risparmiate lo scherno... Della morte
non mi metto pensiero: e ben voi tutti
lo sapete!
(con sprezzo altezzoso)
Pistola o laccio è uguale...
Se mi sciogliete un braccio,
mi sgozzo di mia mano!
D'altro voglio parlarvi:
(con grande sentimento)
della donna che amo...
(Un mormorio di sorpresa serpeggia fra la folla dei minatori)

RANCE
(ha uno scatto, fa come per avventarsi
su Johnson, poi si frena e gli dice
con freddezza guardando l'orologio:)
Hai due minuti per amarla ancora...
(Il brontolio dei minatori si muta in uno scoppio di voci irose)

VOCI VARIE
(con accento represso d'ira)
Basta!
Alla corda!...
Fatelo star zitto!...
Parlerà da quel ramo!...

SONORA
(dominando il tumulto)
Lasciatelo parlare! È nel suo dritto!...
(Si fa accanto a Johnson e lo guarda fisso, combattuto fra l'odio,
l'ammirazione e la gelosia. Tutti tacciono)

JOHNSON
(sorpreso)
Ti ringrazio, Sonora!...
(rivolto a tutti)
Per lei, per lei soltanto,
che tutti amate,

トゥリン、ハリー、ジョー
お前を踊らせてやるよ
最後のコントラダンスを…

ソノーラ、ベッロ、ハッピー
償いをさせてやる
ミニーに愛撫された…

ベッロ
お前に歌わせてやるよ
ウォーレスのロマンス
「美しい娘」を…
(ジョンソンを無慈悲にビリーがロープを手にしている
木の方に押しやる)

ランス
(ジョンソンの肩を叩き、笑いながら)
心配する事はない、騎士さん!
大したことじゃないんだよ…

ジョンソン
(冷たく、やがて興奮して)
からかうのはやめてくれ… 死ぬことを
気にしているわけではない。あんた達も充分に
わかっているはずだ!
(侮辱して)
ピストルでもロープでも同じことだ…
もし、俺の片腕を自由にしてくれたら
俺はこの手で喉をかき切る!
俺は別のことを話したいんだ…
(感情が高まってきて)
俺が愛している女性の事だ…
(鉱夫達の間で、驚きのつぶやきが聞こえる)

ランス
(一瞬ジョンソンを高慢な態度で見るが
落ち着き、時計を見ながら
冷たく言い放つ)
彼女を愛するのは、あと2分だ…
(鉱夫たちのつぶやきは怒りの声に変わる)

様々な声
(怒りを抑えた口調で)
-いい加減にしろ!
-吊るしてしまえ!
-あいつを黙らせろ!…
-あの枝から話させろ!…

ソノーラ
(騒ぎを抑制しながら)
奴に話させてやれ! その権利はあるんだ!
(ジョンソンに近づき、憎しみと称賛と嫉妬に動揺しながら、
彼をきっと見詰める。一同は沈黙する)

ジョンソン
(驚いて)
感謝するよ、ソノーラ!…
(みんなの方を振り向いて)
あんた達みんなが愛している
彼女のために、ただ彼女のために

La Fanciulla del West di G.Puccini

a voi chiedo una grazia e una promessa...
Ch'ella non sappia mai come son morto!
(mormorii sommessi in vario senso)

RANCE
(guardando l'orologio, nervoso)
Un minuto... sii breve.

JOHNSON
(esaltandosi, col viso quasi sorridente)
Ch'ella mi creda libero e lontano,
sopra una nuova via di redenzione!...
Aspetterà ch'io torni...
E passeranno i giorni,
ed io non tornerò...
Minnie, della mia vita unico fiore,
Minnie, che m'hai voluto tanto bene!...

RANCE
(si slancia su Johnson, lo colpisce con un pugno sul viso)
Ah, sfacciato!...
*(tutti disapprovano
con gesti e voci l'atto di Rance)*
Hai null'altro da dire?...

JOHNSON
(con alterigia)
Nulla. Andiamo!
*(Si avvia con passo sicuro verso l'albero, al cui piede
Billy attende immobile, reggendo il laccio.
La folla lo segue, in un silenzio quasi rispettoso.
Sei uomini con le pistole in pugno si dispongono
ai due lati del tronco.
Rance rimane fermo a guardare con le braccia incrociate.
Un grido acutissimo giunge da destra col rumore sordo di un galoppo.
Tutti si fermano e si volgono)*

VOCI VARIE
È Minnie!... È Minnie!... È Minnie!...
*(Scena confusa. Tutti guardano verso il fondo da dove apparirà
Minnie a cavallo seguita da Nick pure a cavallo)*

RANCE
(slanciandosi verso Johnson e gridando come un forsennato)
Impiccatelo!...
*(Nessuno più bada a Rance.
Tutti guardano verso il fondo e si agitano per l'arrivo di Minnie.
Minnie arriva in scena a cavallo,
discinta, i capelli al vento, scende e corre
verso il gruppo che circonda Johnson.
La folla dei minatori si ritrae,
Johnson rimane immobile in mezzo ai sei uomini armati).*

MINNIE
*(balza in terra abbandonando il cavallo.
Con un grido disperato:)*
Ah, no!...
Chi l'oserà?

RANCE
(facendolesi innanzi)
La giustizia lo vuole!

お願いがある、約束して欲しい事がある…
俺が死んだことを、彼女には知らせないで欲しい!
(様々な思いを込めた、沈んだささやき)

ランス
(尊大に、いらいらして彼を見ながら)
あと1分だ… 早くしろ。

ジョンソン
(傲慢になりながら、殆どほくそ笑んだ顔つきで)
彼女には、俺が自由になって、遠くの世界で
新たな購罪の人生を歩んでいると思って欲しい!
彼女は、俺が戻って来るのを待つだろう…
だが、月日がどんなに経っても
俺は戻らないだろう…
ミニー、俺の人生にとって唯一の花
ミニー、俺をあんなにも愛してくれた人!

ランス
(ジョンソンに飛びかかり彼の顔を拳で殴る)
ああ、何て厚かましい奴だ!…
*(一同ランスの態度に
ジェスチャーと声で非難する)*
他に言うことは、ないんだな?

ジョンソン
(堂々と)
何もない。さあ、お好きなように!
*(確固とした足取りで1本の木に進む。その木の元で
ビリーがロープを支えて不動の姿勢で待っている。
鉱夫たちは荘厳な沈黙のうちに彼について行く。
6人の男たちが、両側の切り株にピストルを握りしめ
分かれている。
ランスは両腕を交差させて不動の姿勢で状況を見詰る。
上手の方から馬の駆ける音が近づき鋭い叫び声が聞こえる。
一同動きを止めそちらを振り向く)*

様々な声
ミニーだ!… ミニーだ!… ミニーだ!…
*(舞台は混乱する。一同、ニックに続いて
ミニーが馬で登場する舞台奥に注目する)*

ランス
(ジョンソンに飛びかかるように、猛り狂ったようにして叫ぶ)
奴を吊るしてしまえ…
*(もはや誰もランスに関心を示さない。
一同舞台奥を見て、ミニーの登場に興奮している。
ミニーは馬で登場する。
髪は風のせいで乱れている。馬から降りると
ジョンソンを取り囲んでいる一団に駆け寄る。
鉱夫達の群衆は後退する。
ジョンソンは首にロープをつけたまま動かない)*

ミニー
*(馬の事などかまわずに飛び降りる。
絶望的な叫び声)*
ああ、駄目よ!…
誰にこんなことが出来ると言うの?

ランス
(前に進み出ながら)
それを望んでいるのは、正義だ!

– 63 –

La Fanciulla del West di G.Puccini

MINNIE
(fronteggiandolo)
E di quale giustizia parli tu,
che sei la frode istessa, vecchio bandito?

RANCE
(minaccioso s'avvicina a Minnie)
Bada, donna, alle tue parole!

MINNIE
(guardandolo negli occhi)
Che puoi tu farmi? Non ti temo!...

RANCE
*(scostandola violentemente ai minatori
con voce imperiosa :)*
Orsù!
Impiccate quest'uomo!
(Qualcuno dei minatori risolutamente si avvicina a Johnson)

MINNIE
*(d'un balzo si pone dinanzi
a Johnson spianando la pistola)*
Non lo farete!... Nessuno oserà...
*(La turba indietreggia mormorando
alla minaccia di Minnie)*

RANCE
(incitando la folla.)
Strappatela di là! Nessun di voi
ha sangue nelle vene?
Una gonna vi fa sbiancare il viso?
*(La turba non si muove,
come affascinata dallo sguardo di Minnie)*

MINNIE
Osate!...
*(Si stringe più accanto a Johnson, appoggia il viso sulla sua spalla
continuando a fissare la turba con uno sguardo di sfida,
sempre spianando la pistola)*

RANCE
(come pazzo di rabbia)
Orsù! Finiamola! Bisogna
che giustizia sia fatta!

VOCI VARIE
Basta!.. Al laccio!...
*(La turba ripresa per un istante dal suo furore d'odio
e di gelosia si avanza più minacciosa.
Due degli uomini armati che fiancheggiano
l'albero afferrano Minnie alle spalle: essa si svincola e
si aggrappa a Johnson alzando rapidamente la pistola)*

MINNIE
Lasciatemi, o l'uccido,
e m'uccido!

SONORA
(con un grido, gettandosi fra lei e la turba)
Lasciatela!
Lasciatela!

ミニー
(彼に面と向かって)
あなたが正義を語るなんて、
あなただって詐欺、盗賊じゃなかったの?

ランス
(脅すように、ミニーに近づいて)
あんたのその言葉に目に物を見せてやる!

ミニー
(彼の目を見詰めながら)
あなたが私に何が出来るというの? 怖くないわ!…

ランス
*(彼女から勢いよく離れ、鉱夫たちに
まるで皇帝のような声で)*
さあ!
この男を裁くのだ!
(鉱夫たちの何人かが決然とジョンソンに接近する)

ミニー
*(ピストルを構えたまま
ジョンソンに寄り添って)*
それは駄目!… 誰もやっちゃいけない…
*(群衆はミニーの脅すような言葉に
小言を呟きながら後ずさりする)*

ランス
(群衆を指差しながら)
彼女を引き離せ! お前達の誰一人として
血管に血が流れていないのか?
スカートに、顔色を無くされるというのか?
*(群衆は動かない。まるでミニーに見詰られ
心動かされたようである)*

ミニー
さあ、やってご覧なさい!…
*(益々ジョンソンに寄り添って、彼の肩に
顔をつけて、群衆に挑発的なまなざしを投げ続ける。
ピストルは構えたままである)*

ランス
(怒り狂って)
さあ、やるんだ! 結着をつけるんだ!
裁かれるべき者は裁かれる!

様々な声
やめろ!… 縛り首だ!…
*(群衆は一瞬憎しみと嫉妬の怒りに捕らえられ、
以前より凶暴になって進み出る。
木の側面にいた武装した2人の男が
ミニーの肩を掴まえる。彼女はそれを振りほどき
急いでピストルを構えながら、ジョンソンにしがみつく)*

ミニー
放して頂戴、でなければこの人を撃って
私も死ぬから!

ソノーラ
(叫びながら、彼女と群衆の間に割って入り)
好きなようにさせてやれ!…
彼女の好きなように!…

(Tutti si ritraggono. Rance, pallido e torvo,
si discosta e si siede nel cavo dell'albero dov'era il fuoco.
Sonora rimane in piedi presso Minnie e Johnson, minaccioso)

MINNIE
(pallidissima, tremante di sdegno, la voce sibilante)
Non vi fu mai chi disse
«Basta!" Quando per voi
davo i miei giovani anni...
quando, perduta fra bestemmie e risse,
dividevo gli affanni
e i disagi con voi... Nessuno ha detto
allora "Basta!".
(La turba tace colpita.
Molti abbassano il capo)
Ora quest'uomo è mio
com'è di Dio!
Dio nel cielo l'aveva benedetto!
Se ne andava lontano, oltre quei monti,
verso nuovi orizzonti!..,
Il bandito che fu
è già morto lassù, sotto il mio tetto.
Voi non potete ucciderlo!
(Una commozione rude comincia
ad impadronirsi di tutti gli animi. Nessuno più protesta)

SONORA
(con un grido che pare un singhiozzo)
Ah, Minnie, più dell'oro
ci ha rubato! Il tuo cuore!...
MINNIE
(rivolgendoglisi, fatta d'un subito affettuosa)
Oh il mio Sonora, il mio Sonora buono,
sarà primo al perdono...
SONORA
(soggiogato, commosso, abbassa gli occhi)
Mìnnie!
MINNIE
Perdonerai
come perdonerete tutti...
VOCI

(commossi e a testa bassa)
No!
Non possiamo!...

MINNIE
Si può ciò che si vuole!
(va verso Joe)
E anche tu lo vorrai,
Joe... Non sei tu che m'offerivi i fiori,
che coglievi per me lungo il torrente,
simili a quelli delle tue brughiere?
(rivolgendosi a Harry,
accarezzandogli la mano)

Harry, e tu, quante sere
t'ho vegliato morente...
e nel delirio credevi vedere
la tua piccola Maud,
la sorella che adori,
venuta di lontano...
(a Trin con dolcezza)
E tu mio Trin,
a cui ressi la mano
quando scrivevi le prime incerte lettere,
che partivan di qui
per San Domingo...
(rivolgendosi a Hippy, poi a Bello,
accarezzandolo alla guancia)

E tu, buon Happy, e tu,
Bello, che hai gli occhi ceruli d'un bimbo,
(rivolgendosi a tutti)
e voi tutti, frate!!; del mio cuore
anime rudi e buone...
(gettando via la pistola)
Ecco, getto quest'arma! Torno quella
che fui per voi, l'amica, la sorella
che un giorno v'insegnò
una suprema verità d'amore:
fratelli, non v'è al mondo peccatore
cui non s'apra una via di redenzione!

SONORA
(ad un gruppo di minatori)
– È necessario…

Troppo le dobbiamo!
(ad uno)
Deciditi anche tu!

UN MINATORE
No, non possiamo!

SONORA
(ad Happy)
Tu taci! È il suo diritto!

ALCUNI MINATORI
E Ashby che dirà.?

SONORA

（感動するが、頭は下げたまま）
だめだ!
俺たちにそれは出来ない!…

ミニー
そう望めば、出来るわ!
（ジョーの方に行く）
あなたも、そう望むでしょ
ジョー… あなたの故郷の荒野に咲く花に似た
素敵な花を、私に摘んできてくれたのは、
あなたじゃなかったの?
（ハリーの方を振り向き
彼の手を、優しくなでながら）
ハリー、あなたが死にかけていた時
幾晩も、私、眠らないで看病したわ…
あなたは、夢うつつの中で
私のことを、あなたが可愛がっている
妹のマウドが
はるばる尋ねて来てくれたと、思っていたわね…
（トゥリンに優しく）
ねえ、私のトゥリン、
その手に私は手を添えていたわよね、
初めての覚束ない手紙を書いていた時…
それが、ここから
サン・ドミンゴに向けて差し出されたわね…
（ハッピーの方に目をやり続いてベッロに
頬を愛撫しながら）
それに、あなた、いい子ねハッピー
ベッロ、子供のような、空色の目をして
（みんなの方を振り向いて）
あなた達みんな、私の心の兄弟
荒っぽいけれど、善良な心根の人達…
（ピストルを放り出して）
この武器は必要ないわ! あなた達のために
生きていた私に戻るわ。友人で、姉のような私に、
かつて、あなた達に
愛の崇高な真実について教えた私に戻るわ。
兄弟達、この世に、贖いの道が閉ざされている
そんな罪人は、存在しないのよ!

ソノーラ
（鉱夫の一団に）
-必要だよ…

-余りにも、俺達は世話になっている!
（ひとりの鉱夫に）
-お前も決心しろよ!

ひとりの鉱夫
-駄目だ、俺達には出来ない!

ソノーラ
（ハッピーに）
お前は黙っていろ! これは彼女の権利なんだ!

何人かの鉱夫達
アシュビーは、何て言うかな?

ソノーラ

La Fanciulla del West di G.Puccini

Dirà quel che vorrà!
I padroni siam noi!
(investendo uno restio)
Non t'opporre, tu.
(ad altri)
Andiamo
(ad un altro gruppo)
È necessario, via!
(ad un altro minatore)
Deciditi anche tu.

I MINATORI
(stringendosi nelle spalle)
Tu lo vuoi...

SONORA
(ad uno)
Anche tu, via!

HAPPY
(allo stesso)
Anche tu...

TRIN
(asciugandosi una lagrima)
Perdio! m'ha fatto piangere!
Guardate come l'ama!

HAPPY
E com'è dolce!

I MINATORI
È una viltà!
Rideranno di noi!

JOE, HARRY , SONORA e BELLO
Minnie merita tutto!
È tua sorella!

SONORA
(rivolto a tutti)
E per lei perdonate!
(I minatori a poco a poco,
con gesti espressivi, finiscono per assentire).
(Johnson s'inginocchia commosso, bacia il lembo
della veste di Minnie mentre essa
pone la mano sulla testa di lui quasi benedicendolo)

SONORA
(stringe ad alcuni le mani e si avanza verso Minnie
che lo guarda ansiosa, sorridendogli fra le lacrime)
Le tue parole sono
di Dio. Tu l'ami come
nessuno al mondo!...
(Sonora rialza Johnson; con un coltello taglia rapidamente
la corda che gli lega le mani)
In nome
di tutti, io te lo dono.
È tuo.
(piangendo)
Va, Minnie, addio!
(Le sue parole finiscono in un singhiozzo. Minnie bacia Sonora,

言いたいことを言うだろう!
だが、俺達は俺達だ!
(後戻りは出来ないで)
お前は、反対しないな!
(他の者達に)
行こう!
(別の一団に)
しなきゃならないんだ、さあ!
(別の鉱夫に)
お前も決心しろよ。

鉱夫達
(肩を組んで)
お前がそう望むなら…

ソノーラ
(ひとりの鉱夫に)
お前もだ、さあ!

ハッピー
(同じ鉱夫に)
お前もだ…

トゥリン
(涙を拭いながら)
畜生! 彼女に泣かされたよ!
見てくれ、あんなにあの男を愛している!

ハッピー
なんて甘く美しいんだ!

鉱夫達
しかし、卑劣な行為だ!
きっと俺達、笑い者にされるぞ!

ジョー、ハリー、ソノーラ、ベッロ
ミニーは、全てを手に入れるにふさわしい!
俺達の姉さん!

ソノーラ
(皆の方に振り向き)
彼女を許してやろう!
(鉱夫達は次第次第に、表情豊かな仕草で
最後には同意する)
(ジョンソンは、ミニーのそばで感動して膝まづく。
一方ミニーは、まるで彼を祝福するかのように
手を頭の上に置く)

ソノーラ
(何人かと握手し不安気に彼を見詰ているミニーの方に近づき
涙交じりの微笑で)
あんたの言葉は
神の言葉だ。あんたは、この世の誰よりも
あの人を愛している!…
(ソノーラはジョンソンを再び立ち上がらせ、ナイフで
彼の両腕を縛っていた縄を急いで切断する)
ここにいる
みんなの名において、彼をあんたに差し上げよう
あんたのものだ。
(泣きながら)
あんたのもんだ。さあ、ミニー、さようなら!
(その言葉は咽び泣きで終わる。ミニーはソノーラにキスをして

*poi; con un grido di gioia, si avvinghia a Johnson
nascondendo nel di lui petto il suo pianto di felicità)*

JOHNSON
Grazie, fratelli!

MINNIE
(commossa)
Addio!...

TUTTI
(sommessamente, commossi)
Mai, mai più!...
*(Minnie stringe le mani a Nick, accarezzandolo,
e ad altri vicini a lei; poi ritorna verso Johnson)*

JOHNSON E MINNIE
(Minnie e Johnson, abbracciati, si avviano)
Addio, mia dolce terra,
addio, mia California!
Bei monti della Sierra, o nevi, addio!...
(escono di scena)
*(La turba è accasciata. Alcuni sono seduti sui tronchi abbattuti,
altri appoggiati ai loro cavalli, altri agli alberi, qualcuno singhiozza,
altri ancora, tristemente, fanno cenni di addio verso il sentiero per
cui Minnie si allontana)*

LE VOCI DI MINNIE e DI JOHNSON
(allontanandosi)
Addio, mia California, addio!... Addio!

LA TURBA
(singhiozzando)
Mai più ritornerai... mai più... mai più!

F   I   N   E

ジョンソン
ありがとう、兄弟!

ミニー
（感動して）
さようなら!…

一同
（低い声で、感動的に）
もう決して、決して会えないだろう!…
（ミニーはニックを優しく愛撫しながら握手をする。続いて、
近くにいた何人かの鉱夫と握手をし、ジョンソンのもとに戻る）

ジョンソンとミニー
（ミニーとジョンソンは抱きあったまま退場する）
さようなら、優しい大地、
さようなら、カリフォルニア!
シエラの美しい山々、雪、さようなら!…
（退場）
（群衆は意気消沈する。何人かは木の切り株に座り込み
馬に寄りかかっている者、木にもたれ掛っている者、咽び泣く者、
またある者たちは小道に向かって遠ざかっていくミニーに、
さようならの合図を悲しげに繰り返している）

ミニーとジョンソンの声
（遠ざかりながら）
さようなら、カリフォルニア、さようなら!…

群衆
（むせび泣きながら）
決して戻ってこない… 決して… 決して!

幕

参考文献

La sacra Bibbia
Il grande libro dell'opera lirica
a cura di Piero Mioli   Newton & Compton editori
Tutti i libretti di Giacomo Puccini   Garzanti
Enciclopedia della Musica   De Agostini
La nuova enciclopedia della musica   Garzanti

©河原　廣之＝翻訳・注釈・編集

昭和音楽大学助教授、新国立劇場オペラ研究所講師を経て
大阪音楽大学大学院オペラ研究科講師。
神戸大学在学中にイタリアに渡り
ウルビーノ大学文学部にて、トゥッリオ・デ・マウロの
「一般言語学概論講義」を中心に、音韻論、語源学
近代イタリア文学、音声学を研究。
ミラノ・スカラ座日本公演
フィレンツェ歌劇場日本公演主任通訳をはじめ
全国の二期会、東京オーチャードホール、愛知県立芸術劇場
滋賀県立びわこホール、カレッジオペラハウス、
堺シティオペラ、東京室内歌劇場など全国の主要歌劇場での
イタリア語舞台言語表現法、演出
字幕作家として精力的にかかわっている。
また、名古屋二期会でのイタリア古典歌曲研究会
浜松オペラセミナーなどで後進の指導にあたっている。
イタリアにおいても
フィオレンツァ・コッソット（メッツォ・ソプラノ）
イーヴォ・ヴィンコ（バス）
など世界的なオペラ歌手たちとともに
声楽研修を行っている。

対訳　西部の娘

2015年10月15日　初版発行
発行者　河原隆子
発行所
ユニバーサルアートミュージック株式会社
おぺら読本出版
郵便振替 00970-7-32279　おぺら読本出版
おぺら読本出版ホームページ
http:// operapec.jp/
定期購読申込 E－mail
operapec@hcn.zaq.ne.jp
operapec@uam.jp
表紙デザイン
(株)D.P Tsukasa.Okano